DIE NUSS-KÜCHE

INGRID SCHINDLER

DIE NUSS-KÜCHE

MIDENA

Die Deutsche Bibliothek – CIP-Einheitsaufnahme

Schindler, Ingrid:
Die Nuss-Küche / Ingrid Schindler.
Küttigen/Aarau : Midena ; Augsburg : Weltbild, 1998
ISBN 3-310-00319-1

2. Auflage 1998

Alleinvertrieb für Deutschland:
WELTBILD VERLAG GmbH
Steinerne Furt 68-72, 86167 Augsburg

Gestaltung Umschlag: Dora Eichenberger-Hirter, Birrwil
Food- und Nussbilder: Evelyn und Hans-Peter König, Zürich
Lithos: Lang Polychom AG, Basel
Satz: Kneuss Satz AG, Lenzburg
Druck und Bindung: Neue Stalling, Oldenburg

ISBN 3-310-00319-1

Verwendete Abkürzungen

EL = gestrichener Esslöffel
TL = gestrichener Teelöffel
ml = Milliliter
dl = Deziliter
g = Gramm
Msp = Messerspitze

Wo nicht anders erwähnt, sind die Rezepte für 4 Personen berechnet

VORWORT

Sie haben recht: Nüsse sind nahrhaft. Nüsse sind gesund. Nüsse sind fett. Aber nicht recht haben Sie, wenn Sie die knackigen Kerne nur beim Fernsehen knabbern. Wenn Sie sie nur zum Aperitif hervorholen. Wenn Sie dabei nur an Weihnachten denken oder sie nur aus dem Studentenfutter picken.

Nüsse sind Gehirn- und Nervennahrung ersten Ranges. Kraftspender und Energiespeicher von größter Effizienz. Muntermacher, Fitmacher und Gesundmacher von höchster Güte. Und raffinierte Zauberer in den Küchen großer Köche. Mühelos verwandeln sie ein Frühstück, Zwischengericht oder großes Dinner in Delikatessen. Sie sind einfach in der Zubereitung und vielseitig wie kaum ein anderes Naturprodukt. Formenreich, aromatisch, leicht und günstig zu besorgen, sind sie die idealen Begleiter einer gesunden Alltagsküche.

Wir wünschen Ihnen viel Spaß und gelungene Kocherlebnisse mit der neuen Nussküche, nach dem Motto «Weg vom Knabberzeug, hin zur lustvollen Kreation». Denn Nüsse sind viel mehr als Überlebensnahrung für Mensch und Tier. Sie sind eine Entdeckung für sich, die in vielerlei Hinsicht lohnt. Knacken wir sie!

Ingrid Schindler

WARUM ES SICH LOHNT, HARTE NÜSSE ZU KNACKEN

Nüsse waren seit je Grundnahrungsmittel, ob im australischen Busch, in den Weiten des Mississippi oder an den Ufern des Bodensees. Die Ureinwohner haben sie gesammelt, gelagert, lange vor dem Beginn des Getreideanbaus statt Mehl zum Sonnen-Backen verwendet und sich mit ihrer Hilfe durch nahrungsknappe Jahreszeiten gerettet. Kein Wunder, ein paar Nüsse wiegen ganze Steaks und üppige Milch- und Eierspeisen auf. Sie zählen zu den Nahrungsmitteln, die sich rasch in der ganzen Welt verbreitet haben. Eroberer, Entdecker und Auswanderer haben nicht nur fremde Nusssorten mit nach Hause gebracht, sondern auch einheimische Nüsse in die neuen Welten eingeführt, weil sie nicht auf die wertvollen Energiebündel verzichten wollten. Schon zu Zeiten der Pharaonen wurden sie als Schönmacher, Genussmittel, Öllieferanten und Medizin geschätzt und unter den Schutz der mächtigsten Götter gestellt.

Heute ist das Dutzend Samen und Kerne, das man unter dem Begriff Nüsse zusammenfasst, in die Ecke der überflüssigen Dickmacher gedrängt. Gerade in einer Zeit, in der eine gesunde, naturbelassene Ernährung immer mehr an Bedeutung gewinnt, sollten Nüsse auf der Einkaufsliste nicht fehlen. Sie enthalten so viele lebenswichtige Eiweißstoffe, einfach und mehrfach ungesättigte Fettsäuren, Vitamine, vor allem aus der nervenstärkenden B-Gruppe, Mineralstoffe und Spurenelemente, dass man sie zu Recht als das Fleisch der Vegetarier bezeichnet. Sie sorgen für einen ausgewogenen Mineralstoffhaushalt und sind aus ernährungsphysiologischer Sicht hochwertige Lebensmittel, die sämtliche Nährstoffe enthalten.

NÜSSE SIND OFT GAR KEINE NÜSSE

Nur Haselnuss und Esskastanie sind echte Nüsse (Nuss: lat. nux). «Nüsse» ist die handelsübliche Bezeichnung für Cashewnüsse, Erdnüsse, Haselnüsse, Kokosnüsse, Mandeln, Macadamianüsse, Maronen bzw. Esskastanien, Paranüsse, Pekannüsse, Pinienkerne, Pistazien, Walnüsse/Baumnüsse. Auch Bucheckern und Eicheln fallen unter diese Kategorie. Botanisch gesehen sind Mandeln und Walnüsse jedoch Steinfrüchte, Erdnüsse zählen zu den Hülsenfrüchten, Paranüsse zu den Kapselfrüchten usw. Allen Nüssen gemeinsam ist, dass sie zu den Hartschalenfrüchten zählen. Entweder handelt es sich dabei um die Früchte selbst, wie es bei Haselnuss, Esskastanie, Pistazie, Paranuss oder Erdnuss der Fall ist, oder um die Samen von Früchten wie bei Walnuss/Baumnuss und Kokosnuss. Zu den einheimischen Arten gehören Walnuss/Baumnuss, Haselnuss, Esskastanie und allenfalls noch die Mandel. Die anderen sind im Mittelmeerraum, in den USA oder in fernen exotischen Ländern heimisch. Fast alle Nüsse, die bei uns im Handel erhältlich sind, werden aus dem Ausland importiert, auch die bei uns heimischen.

DIE INHALTSSTOFFE AUF EINEN BLICK

Kalorien: Fett, das den Cholesterinspiegel senkt

Nüsse enthalten mit Ausnahme der Kokosnüsse und Maronen zwischen 50 und 70% Fett. Keine Frage, sie gehören zu den fetthaltigsten Nahrungsmitteln überhaupt, was sie aber, maßvoll genossen, nicht schädlich macht. Im Gegenteil: Aufgrund ihres hohen Anteils an einfach und mehrfach ungesättigten Fettsäuren (vor allem Linol- und Linolensäure) sind sie gesund. Sie sorgen für einen ausgewogenen Cholesterinhaushalt, was die Blutgefäße vor schädlichen Verengungen bewahrt und damit das Herzinfarktrisiko senkt. Walnussöl enthält besonders viele ungesättigte Fettsäuren und trägt daher dazu bei, den Cholesterinspiegel zu senken.

Tagesration: Wieviel Nuss ist gesund?

Weil der Fettgehalt hoch und eine Hand voll Nüsse an sich schon eine vegetarische Vollwertmahlzeit ist, sollte man nicht zuviel davon essen. Die Grundregel lautet: Nicht mehr als ein Sechstel bis ein Zehntel eines Gerichts sollte aus Nüssen bestehen. Pro Person sollte der Tagesverbrauch dieses hochkonzentrierten Nahrungsmittels nicht mehr als 40 bis 60 g betragen. Wer mit Nüssen kocht, kann beim Fett sparen. Die fettreichsten Nüsse sind Paranüsse, Macadamianüsse, Walnüsse und Haselnüsse, am wenigsten Fett enthalten mit großem Abstand Kastanien, dann Kokosnüsse und Cashewkerne. Im mittleren Bereich liegen Erdnüsse, Pinienkerne und Mandeln.

Eiweiß: Warum Nüsse Fleisch ersetzen

Mit einem Anteil von 10 bis 20% haben Nüsse einen außerordentlich hohen Gehalt an lebenswichtigen Aminosäuren auf Pflanzenbasis. Viele Nüsse, z. B. die «Klassiker» Mandeln, Haselnüsse und Walnüsse, verfügen über alle acht für den Erwachsenen lebenswichtigen Eiweißbausteine. Für strenge Vegetarier sind sie daher der optimale Ersatz für tierisches Eiweiß. Die beste biologische Wertigkeit des Eiweißes ergibt sich, wenn man Nüsse mit Getreide oder Hülsenfrüchten kombiniert, z. B. in Form eines Vollkornnussbrots, Müslis oder von Linsen-Nuss-Gerichten. Auch die Kombination mit Obst und Gemüse ist sehr zu empfehlen.

Vitalstoffe: Warum Nüsse Kraft- und Nervenfutter sind

Nüsse enthalten beachtenswerte Mengen an Mineralstoffen, Spurenelementen und Vitaminen. Ihre Zusammensetzung erklärt, warum sie einerseits die Muskelleistung steigern und andererseits die Gehirnfunktionen verbessern und sich positiv auf das Nervensystem auswirken. Letzteres ist vor allem Vitaminen aus der B-Gruppe, Lecithin und Phosphor zu verdanken, die in Nüssen reichlich vorkommen.

Inhaltsstoffe

Nusssorte	kcal/100 g	Vitalstoffe	Nährstoffgehalt pro 100 g
Cashewnüsse	568	Vitamin A, B_1, Magnesium, Kupfer, Eisen	18 g Eiweiß, 42 g Fett, 31 g Kohlenhydrate, 3 g Ballaststoffe
Erdnüsse	561	Vitamin A, B_1, B_2, Niacin, Folsäure, Magnesium, Mangan, Kalium, Phosphor, Eisen, Calcium	25 g Eiweiß, 48 g Fett, 8 g Kohlenhydrate, 11 g Ballaststoffe
Haselnüsse	636	Vitamin A, B_1, B_2, C, Kalium, Calcium, Magnesium, Mangan, Kupfer, Phosphor	12 g Eiweiß, 62 g Fett, 11 g Kohlenhydrate, 8 g Ballaststoffe
Kokosnüsse	342	Kalium, Eisen, Kupfer	4 g Eiweiß, 36 g Fett, 5 g Kohlenhydrate, 10 g Ballaststoffe
Paranüsse	660	Vitamin B_1, E, Kupfer, Magnesium	14 g Eiweiß, 67 g Fett, 4 g Kohlenhydrate, 8 g Ballaststoffe
Pekannüsse	692	Vitamin B_1, E, Kupfer, Magnesium, Mangan, Zink	9 g Eiweiß, 72 g Fett, 4 g Kohlenhydrate, 9 g Ballaststoffe
Pinienkerne	575	Vitamin B_1, E, Kupfer, Eisen, Magnesium, Mangan	24 g Eiweiß, 51 g Fett, 7 g Kohlenhydrate, 7 g Ballaststoffe
Pistazien	574	Vitamin B_1, Kupfer, Eisen, Magnesium	18 g Eiweiss, 52 g Fett, 12 g Kohlenhydrate, 11 g Ballastoffe
Macadamia-nüsse	676	Magnesium, Mangan (+ Folsäure, wenn geröstet und gesalzen)	8 g Eiweiß, 73 g Fett, 0 g Kohlenhydrate, 15 g Ballaststoffe
Mandeln	569	Vitamin B_2, E, Niacin, Pantothensäure, Kupfer, Magnesium, Mangan, Kalium, Calcium	19 g Eiweiß, 54 g Fett, 4 g Kohlenhydrate, 15 g Ballaststoffe
Walnüsse/ Baumnüsse	654	Vitamin A, B_1, B_2, C, Folsäure, Magnesium, Mangan, Kupfer,	14 g Eiweiß, 63 g Fett, 11 g Kohlenhydrate, 6 g Ballaststoffe

Erläuterungen: Die angegebenen Mengen beziehen sich auf frische Nüsse. Die Werte verändern sich unwesentlich bei gerösteten und gesalzenen Nüssen. Quelle: Cédric Dumont, Kulinarisches Lexikon, Hallwag, Bern und Stuttgart.

Noch mehr Argumente: Warum Nüsse gesund sind

Anders als in der Naturheilkunde, die Nüssen viele Heilwirkungen zuschreibt, wurden die kleinen Kraftpakete in der modernen Schulmedizin bisher kaum erforscht. Was als gesichert gilt, ist u. a. die regulierende Wirkung von Erdnüssen auf den Blutzuckerspiegel. Sie eignen sich hervorragend als Nahrungsmittel für Diabetiker, da ihr Kohlenhydratgehalt nur langsam im Darm freigesetzt wird, wodurch Blutzucker und Insulinspiegel nur langsam steigen. Walnüsse und Erdmandeln werden ebenfalls bei Diabetes empfohlen.

Von Interesse dürften für die Forschung die in Nüssen enthaltenen sekundären Pflanzenstoffe – Proteasehemmer, Phytosterine und Phenolsäuren – sein. Dr. Walter Troll von der New York University hat in Tierversuchen nachgewiesen, dass Nüsse mit ihren hohen Mengen an Proteasehemmern und bestimmten Polyphenolen krebshemmend wirken. Inwieweit dies auch auf den Menschen zutrifft, lässt sich noch nicht sagen.

Cashewnüsse und Mandeln werden in der Pflanzenheilkunde als sehr gut verträgliche Nüsse geschätzt. Ihr Nährstoffverhältnis, vor allem das der Cashewnuss, ist so ausgewogen, dass sie in aller Regel auch von kranken und geschwächten Menschen sehr gut vertragen werden. Von daher spielen Mandel- und Cashewmilch als Heilnahrung eine Rolle. Für Kuhmilchallergiker stellen sie einen vollwertigen und leicht verdaulichen Ersatz dar. Dass Nüsse, allen voran die Mandeln, bei Hautproblemen, Akne, unreiner Haut, Ekzemen, besonders bei Kleinkindern, und Milchschorf hilfreich sein können, ist in der Naturheilkunde kein Geheimnis. Hierzu finden sich in alten Kräuterbüchern zahlreiche Hausmittelrezepturen. Am Beispiel der Walnuss zeigen wir auf Seite 16 auf, wie sich die Menschen früher der «Nuss-Apotheke» zu bedienen wussten.

Allergien

Es gibt Menschen, die auf bestimmte Nüsse allergisch reagieren. Wer eine ausgewiesene Nussallergie hat, muss unbedingt wissen, worin «seine» Nuss überall enthalten sein kann. Eine Nussallergie zählt mit der Allergie gegen Krusten- und Schalentiere zu den aggressivsten Formen von Lebensmittelallergien. Dabei ist es leider nicht mit Hautausschlägen und Juckreiz getan. Nussproteine, die sich z. B. in Kakaopulver, Bratensaucen, Gewürzextrakten und vielem mehr verstecken, können vom radikalen Abfallen des Blutdrucks, der Einengung der Luftwege durch massives Anschwellen der Schleimhäute bis zum lebensbedrohlichen anaphylaktischen Schock führen. Eine Desensibilisierung wird aufgrund möglicher schwerer Reaktionen selten durchgeführt. Hier hilft nur das strikte Meiden aller betreffenden Lebensmittel.

Die Nussapotheke (Walnuss/Baumnuss)

Die volkstümliche Kräutermedizin schrieb den Blättern und Schalen der Königsnuss besondere Heilkräfte zu. Äußerlich angewandt entfalten die Blätter eine entzündungshemmende Wirkung, innerlich verabreicht regen Blätter und Schalen die Ausscheidungsorgane an. Die Nüsse sind reich an essentiellen Fettsäuren, B-Vitaminen, Eisen, Zink, Kupfer, Magnesium, Kalium und Phosphor. Dank ihres ausgesprochen hohen Anteils an ungesättigten Fettsäuren hat die Walnuss eine cholesterinsenkende Wirkung, weshalb ihr manche Naturheilkundige eine lebensverlängernde Wirkung nachsagen.

Wirkstoffe

Blätter: Gerbstoffe, ätherische Öle, Bitterstoffe, Flavone
Nussschalen: Gerbstoffe, Bitterstoffe, Flavone, Inosit
Kerne: Öl, ungesättigte Fettsäuren, Vitamin B_1, B_2, B_5, Aminosäuren u.a.

Äußerliche Anwendung der Blätter und Schalen in der Naturheilkunde

Bei Akne, chronischen Katarrhen, Lymphdrüsenschwellungen, Krampfadern, offenen Beinen, Hämorrhoiden, Magen-Darm-Katarrh, Hals- und Zahnfleischentzündung sowie zum Abstillen in Form von Bädern, Umschlägen, Gurgellösungen und Einreibungen.

Innerliche Anwendung der Blätter und Schalen in der Naturheilkunde

Bei Augenentzündungen, Hauterkrankungen, Venenentzündungen, Krampfadern, Diabetes, Rheuma, Karies, Würmern sowie zur Herzstärkung, Entschlackung, zur allgemeinen Stärkung in Form von Aufgüssen aus den Blättern und Sirup aus den Schalen.

Weitere volksheilkundliche Anwendungen

- getrocknete Blätter oder Ölauszug als Insektenschutzmittel (äußerlich anwenden)
- Homöopathie: zur Behandlung von Skrofulose und Magenübersäuerung
- Räuchermittel: zerriebene oder verbrannte Walnussblätter zum Ausräuchern (intensiver, leicht betäubender Duft)
- Bachblüten-Therapie: Walnussblütenessenz bei Unentschlossenheit und Ziellosigkeit. Zur Vermittlung von Klarsicht und Willenskraft
- Tierhaltung: unter das Stroh gemischte Walnussblätter zur Vertreibung von Wanzen, Flöhen, Läusen und Milben aus dem Stall
- Kosmetik: Walnussblättertee (äußerlich angewendet) bei Haarausfall, Schuppen und unreiner, großporiger Haut sowie die Schalen zum Haarefärben (braune Haarfarbe)

Ein paar alte Rezepte

Ölauszug aus Walnüssen (Insektenschutzmittel)

100–200 g grüne Nussschalen
1 l kaltgepresstes Oliven- oder Distelöl
ein paar Tropfen Nelkenöl

Die frischen Nussschalen in ein gut schließendes Glasgefäß geben und mit dem Öl auffüllen.
6 Wochen an einem warmen Ort (keine direkte Sonneneinstrahlung) stehen lassen. Dann das Ganze in ein Sieb gießen und das Öl auffangen. Ein paar Tropfen Nelkenöl hinzufügen.

Walnussblätterbad

200 g Walnussblätter, im Juni/Juli geerntet, in einem Liter Wasser 5 Minuten kochen, 10 Minuten ziehen lassen, abseihen und dem Badewasser beigeben.

Walnussblättertee

1 TL Walnussblätter mit einer Tasse Wasser (150 ml/1,5 dl) überbrühen, 10 bis 15 Minuten ziehen lassen, abseihen. 2 Tassen pro Tag trinken.

Walnussblätterumschlag

1 Hand voll frische Blätter zerquetschen und auf die kranke Hautstelle auflegen.

Unverträglichkeiten

Eine schlechte Verträglichkeit von Nüssen hat nichts mit einer Allergie zu tun, sondern vielmehr mit schlechten Ernährungsgewohnheiten. Wer Nüsse in Massen verspeist, darf sich nicht wundern, wenn die Kalorienbomben – noch dazu, wenn sie industriell in Fett geröstet oder frittiert sind – den Verdauungsapparat belasten. Röstet man dagegen Knabbernüsse in vernünftigen Mengen frisch und fettlos zu Hause, was eine durch und durch mühelose Sache und noch dazu schmackhafter ist, wird man keine Probleme mit der Verdauung verspüren.

Paranüsse sind diejenigen unter den Nüssen, denen man in jedem Fall mit Zurückhaltung begegnen sollte. Zum einen sind die fettesten unter den Nüssen anfällig gegen Schimmel, zum anderen nimmt der Paranussbaum aus dem Boden das giftige Alkalielement Barium auf und speichert es in den Früchten.

VORRATSHALTUNG UND KÜCHENPRAXIS

Nüsse lagern

Von Natur aus sind Nüsse auf die Vorratshaltung eingestellt, hat sie die Natur doch bruchsicher, gut verschlossen, geschützt und schön verpackt. Im Gegensatz zu anderem Obst sind sie in der Schale monatelang haltbar, wobei sie Aroma und Geschmackstoffe bewahren. Die mit Abstand längste Lagerzeit haben Haselnüsse und Mandeln. Ganze Nüsse hebt man am besten an einem kühlen, trockenen und luftigen Ort auf.

Geschälte Nüsse sind weniger lang haltbar, da sie wegen ihres hohen Fettanteils mit der Zeit ranzig werden und nicht mehr vor Insekten- und Wurmbefall geschützt sind. Geschälte oder zerkleinerte Nüsse sollte man deshalb gut verschlossen, dunkel und gekühlt aufbewahren. Nüsse für den «kleinen Verbrauch» (als verfeinernde Zutat beim Kochen) kauft man deshalb besser in der Schale und reibt sie selbst. Dazu eignet sich gut eine kleine Handmühle, wie man sie zum Parmesanreiben braucht.

Ob geschälte, ganze, zerkleinerte oder geriebene Nüsse, man kann sie wunderbar einfrieren, ohne dass ihr Aroma darunter leidet. Angebrochene Knabbernusspackungen sollte man innerhalb kurzer Zeit verzehren. Viele Nüsse kommen übrigens deshalb bereits geröstet und gesalzen in den Handel, weil Salz ein Konservierungsmittel ist.

Nüsse einfrieren

Problemlos lassen sich Nüsse mit und ohne Schale, gerieben, ganz oder in Stücke gehackt bis zu 12 Monate lang einfrieren. Angebrochene Packungen gibt man in einen Tiefkühlbeutel oder eine Tiefkühldose, luftdicht verschlossen. Ungeöffnete Packungen kann man so, wie sie sind, einfrieren. Ganze Nüsse lassen sich im tiefgekühlten Zustand gut reiben.

Nüsse rösten

Nüsse gewinnen an Geschmack und Knusprigkeit, wenn man sie unmittelbar vor dem Verzehr röstet. Am schnellsten geht das in einem beschichteten Pfännchen, in dem die Nüsse bei kleiner bis mittlerer Hitze in wenigen Minuten geröstet werden. Fett braucht es dazu keines. Das Rösten im Backofen empfiehlt sich, wenn man ihn ohnehin zum späteren Backen oder Braten aufheizen muss. Dabei gibt man die Nüsse auf ein kleines Blech, ebenfalls ohne Fett, und röstet sie ca. 15 Minuten bei 150 °C. Das Rösten hat in jedem Fall den Vorteil, dass die Nüsse dabei ihr Aroma besonders intensiv entfalten, sie besser zu hacken sind und sich die Häutchen leichter abreiben lassen.

Die Lagerung von Nüssen

Nusssorte	kühl	trocken	luftig	Zimmer-temperatur	Lagerdauer mit Schale	Lagerdauer geschält
Cashewnüsse	x	x			nicht ungeschält im Handel	einige Wochen
Erdnüsse		x		x	6 Monate gut verschlossen im Kühlschrank	in der Dose einige Wochen
Haselnüsse	x	x	x		bis 5 Jahre	2 Monate
Kokosnüsse		x	x		immer möglichst frisch verwenden	4 Wochen mit und ohne Schale
Macadamianüsse	x	x			bisher nicht mit Schale im Handel	gut verschlossen einige Wochen
Mandeln	x	x			im Dunkeln und gut verschlossen einige Jahre	gut verschlossen 4 Wochen
Paranüsse	x	x			werden schnell ranzig wegen hohem Fettanteil	gut verschlossen einige Wochen
Pekannüsse	x	x		in der Schale 2 Monate	im Gefrierschrank 2 Jahre, im Kühlschrank 9 Monate	verschlossen und dunkel 4 Wochen
Pinienkerne	x	x			nur geschält im Handel, am besten im Kühlschrank	2 bis 3 Monate
Pistazien	grün und geschält	x			geröstet und gesalzen nur kurzfristig haltbar	2 bis 3 Wochen
Walnüsse/ Baumnüsse	x	x			von der Ernte bis zum nächsten Frühjahr	verschlossen und dunkel 4 Wochen

Frisch geerntete Nüsse lagern

Ein ganz wichtiger Faktor für die Qualität von frischen Nüssen ist das Trocknen. Wenn reife Walnüsse frisch vom Baum fallen, sollte man sie einsammeln, die grüne äußere Schale entfernen und die Nüsse einlagig an einem luftigen, warmen Platz trocknen lassen. Auf keinen Fall waschen.

Unerwünschte Begleiterscheinungen

Wenn Sie die Wahl zwischen Bio-Nüssen bzw. ungeschwefelten und konventionellen Nüssen haben, dann wählen Sie erstere. Im konventionellen Anbau von Nussbäumen werden Pestizide, chemisch-synthetische Dünger und Unkrautbekämpfungsmittel eingesetzt. Außerdem werden handelsübliche Nüsse häufig geschwefelt, damit sich die Schalen aufhellen. Abgesehen von einer optischen Verschönerung hat die Behandlung mit Schwefelsäure keine Bedeutung. Nüsse aus dem Eigenanbau oder vom Biobauern sind immer vorzuziehen, da sie nicht begast werden, wie das bei Handelsware der Fall ist. Die Begasung mit Methylbromid oder Phosphorsäureester hat zum Zweck, die Nüsse vor Insekten, Wurm- und Schadpilzbefall zu schützen und sie transport- und lagerfähig zu machen. Nach der Begasung werden sie ausgiebig belüftet, damit die chemische Behandlung keine negativen Auswirkungen hat.

Schimmelpilze

Der Einsatz von Chemie ist nicht alleiniges Qualitätskriterium. Auch Sortenwahl, Erntetechnik, Trocknungsmethode und nicht zuletzt das Wetter sind ausschlaggebend, ob es sich um hoch- oder minderwertige Ware handelt. Nebligfeuchtes Wetter begünstigt die Bildung von Schimmelpilzen. Der Schimmelpilz Aspergillus flavus, der unter den Nüssen Erdnüsse, Pistazien und Paranüsse bevorzugt, ist besonders tückisch. Er scheidet nicht sichtbare und nicht schmeckbare Aflatoxine als Stoffwechselprodukt aus, die krebserregende Substanzen sind. Hier hilft nur das Vertrauen in die Kontrolleure. Sichtbarer Schimmelpilzbefall ist vergleichsweise harmlos. Hier kann man selbst handeln und davon befallene Packungen wegwerfen. Dasselbe gilt für Packungen, in denen sich Maden und Insekten eingenistet haben. Damit dies nicht passiert, sollte man angebrochene Packungen mit geriebenen Nüssen erstens luftdicht verschließen und zweitens rasch aufbrauchen.

KLEINE WARENKUNDE

Erdnussbutter, -mus und -mark
Produkt aus geriebenen, gerösteteten oder rohen Erdnüssen, mit oder ohne Zusatz von Erdnussöl und Salz; cremige, streichfähige Masse.

Erdnussfett
gehärtetes Erdnussöl zur Herstellung von Margarine, Back- und Bratfetten.

Gebrannte Mandeln
rohe oder geröstete Mandeln mit karamellisiertem Zuckerüberzug; Jahrmarkt- und Christkindlmarkt-Spezialität.

Kokoscreme
Paste aus püriertem Kokosfleisch, ungesüßt oder gesüßt in Dosen erhältlich; für Desserts und asiatische oder karibische Gerichte.

Kokosfett, Kokosbutter
gehärtetes Fett aus gepresstem frischem oder getrocknetem Kokosfleisch; zum Backen, Braten, Kochen und Frittieren.

Kokosmilch
fettfreie Flüssigkeit aus in Wasser oder Milch eingeweichten Kokosflocken, als Konzentrat in Dosen erhältlich; für Currygerichte, Saucen oder als Getränk; zu empfehlen bei Gastritis.

Marzipan
Süßware aus fein geriebenen Mandeln, Zucker und wenig Flüssigkeit.

Nougat
Süßware aus geschälten, zerkleinerten Haselnüssen, Mandeln oder anderen Nüssen, mit oder ohne Zugabe von Kakao und Zucker.

Nussmus
zu feinem oder grobem Mus geriebene Erdnüsse, Haselnüsse, Mandeln, Walnüsse/Baumnüsse oder Cashewkerne, entweder aus einer Sorte oder als Mischmus erhältlich; besonders nährstoff- und energiereich, hoher Fettgehalt, mindestens 35% einfach und mehrfach ungesättigte Fettsäuren, zwischen 10 und 20% Eiweiß, viel Vitamin B, C, Calcium, Magnesium, Kalium, Eisen; unterschieden wird zwischen Bio-Nussmus ohne Konservierungs- und Zusatzstoffe und konventionellem Nussmus mit den üblichen Zusatzstoffen (Stabilisatoren, Zucker, Aromastoffe, Emulgatoren, Öle und Pflanzenfette); gesüßt und ungesüßt im Handel; Verwendung als Brotaufstrich, Gebäckzutat, zu Saucen und Salatsaucen.

Nussöle
kaltgepresste, teure und kostbare Öle aus gerösteten Walnüssen, Baumnüssen, Haselnüssen, Pinienkernen, Pistazien, Mandeln und anderen; sehr aromatisch nussig, ideal für Blattsalate, (Ziegen-)Käse, Pasta, Backwaren, gegrilltes Fleisch und Fisch zum Aromatisieren. Für Salatsaucen empfiehlt sich die Verdünnung mit geschmacksneutralen Ölen; kühl, dunkel und nicht zu lange lagern.

Erdnussöl, Arachid-, Arachisöl
durch Pressung oder Extraktion von geschälten Nusskernen gewonnenes, helles, pflanzliches Speiseöl mit mittlerem Gehalt an essentiellen Fettsäuren, Vitamin E und A; sehr gut haltbar, deshalb bestens geeignet für Vorratshaltung; für kalte und warme Küche, stark erhitzbar, ideal zum Braten und Frittieren, weitgehend geruchs- und geschmacksneutral; empfehlenswert bei Diabetes, Bluthochdruck, Herzkrankheiten.

Haselnussöl
durch Pressung zerriebener oder zerkleinerter Haselnusskerne gewonnenes, fettes, aromatisches Öl; für Rohkost, Salate und zum Aromatisieren von Speisen.

Walnuss-/Baumnussöl
aus gereiften Walnuss-/Baumnusskernen gepresstes stark aromatisches Öl, das leicht ranzig wird, verliert beim Erhitzen seinen intensiven Nussgeschmack.

Mandelöl
fettes, dünnflüssiges, klares, mildes Öl aus süßen oder bitteren Mandeln; für Gebäck, Süßspeisen, Salate, Rohkost, Fisch. Entfaltet das Aroma am besten durch Erhitzen; wird vor allem für medizinische und kosmetische Zwecke verwendet.

Bittermandelöl
ätherisches Öl aus Bittermandeln, das zum Aromatisieren von Backwaren und Marzipan verwendet wird; enthält im Gegensatz zu rohen Bittermandeln keine Blausäure; häufig synthetisch hergestellt aus Benzaldehyd.

Spezialitäten, die nicht auf Nüsse verzichten können
Bündner Nußtorte, Florentiner, Tessiner Amarettini, toskanische Cantuccini, Lübecker Marzipan, französischer Nougat, türkischer Honig, Amaretto, italienische Mortadella, Nürnberger Lebkuchen u.v.m.

CASHEWNUSS

Verträgliche Exotin in giftiger Schale

Bezeichnung und Botanik
deutsch: auch Kaschunuss, Acajounuss, Elefantenlaus
lateinisch: Anacardium occidentale
englisch: monkey-nut, cashew nut

Der Cashew-, Cajou- oder Nierenbaum aus der Familie der Anacardiengewächse ist mit dem Mango- und dem Pistazienbaum verwandt. Der immergrüne, verzweigte Baum wird 10 bis 12 m hoch und bis zu 50 Jahre alt. Nach vier Jahren trägt er zum ersten Mal Früchte, die man wegen ihrer Form, Größe und gelb bis scharlachrot glänzenden Farbe Cashew-Äpfel nennt. Am unteren Ende der saftigen Früchte sitzen die 2 cm langen, nierenförmigen Cashewnüsse, umhüllt von einer harten, giftigen Schale – weshalb die Nüsse nur geschält in den Handel kommen.

Herkunft und Geschichte
Der Cashewbaum ist in den inneren feuchten Tropen des Amazonasgebiets heimisch. Er wurde in Guaraná und Brasilien entdeckt. Spanische und portugiesische Missionare haben ihn als nützlichen Obstbaum geschätzt und ihn in Afrika und Indien eingeführt. Die Inder, welche die Nüsse volkstümlich Elefantenläuse nennen, haben als erste den Wert der Samenkerne (Cashewnüsse) erkannt.

Anbau und Haupterzeugerländer
Cashewnüsse werden hauptsächlich von Indien, China, Brasilien, Ostafrika (vor allem Mozambique, Tansania, Kenia) und Argentinien exportiert. Die wild wachsenden Bäume lassen sich im Plantagenanbau kultivieren. Unmittelbar nach der Ernte werden die ganzen Nüsse an der Sonne getrocknet, geröstet und geschält. Vor der Einführung von Schälmaschinen in den 60er Jahren war das Schälen der Nüsse eine äußerst unangenehme Arbeit, die nur in den armen Herkunftsländern durchgeführt wurde. Die äußere Schale enthält ein stark ätzendes, giftiges Öl, das die Nüsse zwar jahrelang haltbar macht und vor Tieren schützt, aber die Haut aggressiv angreift und Blasen verursacht. Das Kaschuschalenöl wurde früher gegen Warzen, Hühneraugen und Hornhaut verwendet.

Verwendung
Cashewnüsse sind die mit Abstand verträglichsten Nüsse dank ihres ausgewogenen Nährstoffverhältnisses. Sie erfreuen sich in der südamerikanischen, indischen, chinesischen und südostasiatischen Küche großer Beliebtheit und werden häufig zu Gemüse- oder Hühnergerichten gereicht.

Aus den Nüssen, vor allem den Bruchkernen, gewinnt man Kaschunussbutter und ein hochwertiges, schmackhaftes Speiseöl.

Das aus den Schalen gepresste Öl wird wegen seiner hohen Hitzebeständigkeit für Bremsbeläge, Kupplungsscheiben und auch für Holzlasuren verwendet.

Der Stamm des Cashewbaums liefert ein weißes, mahagoniartiges Holz und sein Harz dient zur Gummiherstellung.

Cashew-Äpfel schmecken angenehm süßsauer. Sie können roh oder als Kompott gegessen werden. Da sie aber sehr schnell von Fäulnis befallen werden und am Erntetag verzehrt werden müssen, sind sie für den Transport ungeeignet und in unseren Breiten nicht bekannt. Die delikaten Äpfel werden auch zu Wein, Saft, Schnaps und Essig vergoren.

ERDNUSS

Königin des Cocktail-Partys

Bezeichnung und Botanik
deutsch: auch Arachis-, Aschanti- und Kamerunnuss
lateinisch: Arachis hypogaea
englisch: groundnut, peanut
französisch: arachide

Der Name ist irreführend, da die Erd- bzw. englisch Erbsennuss keine Nuss ist, sondern der Kern einer Hülsenfrucht. Das einjährige, 50 bis 80 cm hohe, buschige Rankgewächs aus der Familie der Schmetterlingsblütler (Leguminosen) gedeiht in allen wärmeren Klimazonen. Da die Früchte während der Reifezeit kein Licht vertragen, neigen sich die Fruchtknoten nach der Blüte zur Erde und bohren die an den Spitzen hängenden Hülsen fünf bis zehn Zentimeter in den Boden hinein. Je nach Art des Bodens, sandig oder humusreich, nehmen die länglichen, geriffelten Schoten, die zwei bis vier Kerne enthalten, eine hellgelbe bis ockerbraune Farbe an.

Herkunft und Geschichte
Ursprünglich soll die Erdnuss aus dem Vorandengebiet stammen und sich von dort nach Nordamerika verbreitet haben. Die spanischen Eroberer haben sie in die Alte Welt mitgebracht und sie als wertvollen, weil nahrhaften Schiffspro-

viant schätzen gelernt. Bei diesem Verwendungszweck ist es lange gebieben. Sie war die «Verpflegung» afrikanischer Sklaven auf ihrer Überfahrt nach Amerika und galt jahrhundertelang als Nahrung der Sklaven und Armen in den Südstaaten sowie als Futter für Schweine und Geflügel. Erst durch den amerikanischen Bürgerkrieg wurde die Erdnuss in den Nordstaaten bekannt. Ihren Siegeszug als Knabberei trat sie Ende des letzten Jahrhunderts mit T.B. Barnum an, der die gute Idee hatte, Erdnüsse in Tüten abzufüllen und sie auf Zirkusveranstaltungen zu verkaufen. Mit der steigenden Beliebtheit des Zirkus wuchs auch die Popularität der Erdnuss.

Anbau und Haupterzeugerländer

Erdnüsse werden im Feldanbau ganzjährig kultiviert. Indien und China führen mit je rund acht Millionen Tonnen die Produktion an, gefolgt von den USA, Indonesien, afrikanischen Staaten, Mexiko, Brasilien, der Türkei, Israel und Südeuropa. Insgesamt werden 25 Millionen Tonnen Erdnüsse weltweit geerntet, die mit Ausnahme der USA in den meisten Ländern zur Speiseölgewinnung verwendet werden. Erdnüsse sind nach der Sojabohne der zweitwichtigste Öllieferant.

Verwendung

Erdnüsse sind in der Küche der wärmeren Länder, von mexikanischen Saucen, afrikanischen Eintöpfen bis zur indonesischen Reistafel, fest verankert.

In den USA ist Peanutbutter außerordentlich beliebt. Etwa die Hälfte der zwei Millionen Tonnen Erdnüsse, die in den USA produziert werden, wird zu Erdnussbutter verarbeitet. Erdnussöl und -pulver ist in vielen Fertigprodukten enthalten, z. B. kann es Bestandteil von Kakaopulver oder Bratensaucen sein. Das Speiseöl eignet sich sowohl zum Backen und Braten als auch für die kalte Küche. Außerdem wird das Öl für die Herstellung von Margarine und gehärtetem Fett, von Seife, Anstrichmitteln (Farbe) und als Trägerstoff für Medikamente genutzt. Der bei der Pressung anfallende Presskuchen findet als hochwertiges Viehfutter und als Brennstoff Verwendung. Als Knabberzeug sind Erdnüsse in der Schale oder gesalzen und geröstet beziehungsweise in Honig geröstet im Handel. Frisch geerntete Erdnüsse schmecken mehlig-bitter, weshalb sie geröstet, mit oder ohne Schale, in den Handel gelangen.

HASELNUSS

Kraftprotz und Liebeselixier

Bezeichnung und Botanik
alte deutsche Namen: Welschhasel, Pimpernuss, Hagennuss, Hasel, Lämmerschwanz und Märzennudel
lateinisch: Corylus avellana
englisch: hazelnut, cob nut, filbert
französisch: noisette

Der im Winter kahle, anspruchslose Baum beziehungsweise Strauch aus der Familie der Birkengewächse (Betulaceae) wird bis zu 12 m hoch und zeichnet sich durch einen großen Formenreichtum aus. Er bildet eine breite, sehr buschige Krone aus. Zwischen Januar und April trägt der Busch männliche, hängende Blüten von blassgelber Farbe, die Kätzchen, neben weiblichen, roten Blütenknospen. Seine Hartschalenfrüchte mit der glatten, rötlich-braunen Schale enthalten die hellbraunen Nusskerne, die von einer dunkelbraunen Haut umgeben sind.

Herkunft und Geschichte
Der Haselstrauch ist in ganz Europa heimisch und oft als Heckenpflanze anzutreffen. Schon in der Jungsteinzeit spielten die Nüsse eine wichtige Rolle als Lebensmittel. In der keltischen und germanischen Mythologie stand der Haselstrauch für Wissen, sexuelle Kraft und Fruchtbarkeit. Die Germanen weihten ihn Thor, dem Donnergott. Die Römer haben den Haselstrauch als Symbol des Friedens verehrt und ihn im Plantagenanbau kultiviert. Hildegard von Bingen blieb der germanischen Tradition treu und deutete die Hasel als Zeichen der Ausgelassenheit und Heilmittel bei Impotenz und Unfruchtbarkeit. Ihr Rezept sah eine Mixtur aus Haselnüssen, Mauerpfeffer, Pfeffer und Ackerwinde vor. Nicht von ungefähr kommt daher das geflügelte Wort «in die Haseln gehen», was ein heimliches Rendez-vous bedeutet. Die Volksheilkunde ging über solcherlei Anwendung hinaus und sagte den Nüssen, Zweigen, Blättern, Kätzchen und der Rinde vielerlei Heilwirkungen (schmerzstillend, fiebersenkend, blutstillend, gefäßverengend u. a.) nach, von denen heute kaum mehr die Rede ist. Allerdings werden Haselnussprodukte (Nussmilch, -butter, -paste, -mus usw.) als Heilnahrung für Genesende, Zuckerkranke und Menschen mit schwachen Nerven heute immer noch geschätzt.

Anbau und Haupterzeugerländer
Die Mittelmeerländer (Italien, Spanien, Frankreich) und die USA sind wichtige Anbauländer, die Türkei ist der Hauptlieferant. Auch in Mitteleuropa wird der Haselstrauch kultiviert, ebenso wie in den Ländern der ehemaligen Sowjetunion.

Verwendung
Haselnüsse passen perfekt zu Ziegenkäse und grünem Salat. Richtig entfalten können sie sich in Schokolade, Nougat, Puddings, Eiscremes, Baisers und Kuchen. Wie die Mandeln ersetzen gemahlene Haselnüsse im Gebäck Mehl und Fett, da sie selbst genügend Fett enthalten und von mehliger Konsistenz sind.

In der Küche sind übrigens nicht nur die Nüsse, aus denen ein hochwertiges und haltbares Öl gepresst wird, sondern auch die ganz zarten Blätter und Knospen für Salate oder Suppen verwendbar. Die Blätter wurden früher auch zum Färben von Wolle, Seide und anderen Materialien in einem gelbbraunen Ton verwendet.

Aus dem weichen, gut spaltbaren Haselholz lassen sich Möbel, Fassreifen, Pfeile und Flechtwerk fertigen und angeblich die besten Wünschelruten, da es am besten Energie leiten und sich rasch auf die gewünschten Energiefelder einpendeln soll.

Kokosnuss

Nützliche Allrounderin

Bezeichnung und Botanik
lateinisch: Cocos nucifera
englisch: coconut
französisch: noix de coco

Das Traumbild sonnenhungriger Bleichgesichter – Kokospalmen am Tropenstrand – ist geprägt von einer der vielseitigsten Nutzpflanzen der Erde. Angeblich hat die Steinfrucht der Kokospalme schon so manchen Schiffbrüchigen vor dem Hungertod und Verdursten gerettet. Auf den Antilleninseln war es deshalb streng verboten, Kokosnüsse am Strand zu sammeln.

Die mit den Dattelplamen verwandten Kokospalmen lieben das Meer und die Tropensonne rund um den Äquator. In der dichten Blätterkrone der 28 bis 30 m hohen und bis zu 100jährigen Palme bilden sich laufend neue Fruchtstände aus, die nach 10 Monaten zwischen 50 und 120 reife, bis zu 2,5 kg schwere Früchte tragen. Solange die Steinfrucht noch jung und grün ist, enthält sie bis zu einen Liter nahrhafte Flüssigkeit (Kokosmilch), die steril sein soll, weshalb man sie angeblich als Infusionsmittel gebrauchen kann. Sie ist stark traubenzuckerhaltig und wie das noch zarte, gallertartige Fruchtfleisch reich an Mineralstoffen und Vitaminen.

Herkunft und Geschichte
Man vermutet, dass die Heimat der wasserdichten Nuss, die sich gern von Meereswellen an ferne Gestade spülen lässt, Polynesien oder Malaysia ist. Marco Polo soll der erste Europäer gewesen sein, der auf seinen ausgedehnten Reisen in den Fernen Osten die Kokosnuss zu Gesicht bekam und darüber in seinen Reiseberichten schrieb.

Anbau und Haupterzeugerländer
In allen tropischen und subtropischen Zonen rund um den Äquator lässt sich die Kokospalme im intensiven Plantagenanbau kultivieren. Zu den wichtigsten Exporteuren zählen die Elfenbeinküste, die Dominikanische Republik, Sri Lanka, die Philippinen, Indonesien, Indien, Ost- und Westafrika und Südamerika.

Verwendung
Kokosnüsse, -milch, -fett und das aus dem getrockneten weißen Kernfleisch, der Kopra, gepresste Öl sind aus der asiatischen und kreolischen Küche nicht wegzudenken. Kokosöl ist jedoch aufgrund des Überwiegens von gesättigten Fettsäuren kein hochwertiges Speiseöl.

Das feste Fruchtfleisch wird roh, geraspelt, gebraten oder gekocht verzehrt und für die unterschiedlichsten Gerichte verwendet.

Kokosöl und gehärtetes Kokosfett sind in Schokolade, Kosmetika, Seifen, Kerzen, Kunstharzen und Insektiziden enthalten. Die Pressrückstände werden als Viehfutter verwendet. Stamm und Blütenpollen der Kokospalme sondern einen zuckerhaltigen Saft ab, der zu Palmhonig und -zucker verarbeitet wird. Palmblätter dienen als Dachbedeckung, Kokosfasern werden zu Matten und Stricken, und Palmherzen sind eine Delikatesse. Bleibt nichts, was nicht nützlich ist.

Ein Hinweis auf die Qualität und Frische der Nüsse beim Kauf ist das Kokoswasser. Gluckert es beim Schütteln der Nuss, ist sie noch vergleichsweise frisch. Je weiter der Erntezeitpunkt zurückliegt, desto mehr «Fleisch» bildet sich aus und desto weniger Wasser enthält die Nuss. Wenn sie überlagert ist, hört man kaum oder kein Wasser mehr gluckern und der Geschmack wird seifig. Außerdem gilt: je schwerer eine Kokosnuss ist, desto saftiger ist sie.

MACADAMIA-NUSS

Australische Newcomerin

Bezeichnung und Botanik
deutsch: auch Buschnuss, australische Nuss, Queensland-Nuss
lateinisch: Macadamia integrifolia bzw. ternifolia
englisch: macadamia nut, bopple-nut

Die feinste unter den exotischen Nüssen wächst als Steinfrucht an einem Baum, der zur Familie der Silberbaumgewächse (Proteaceae) gehört. Die Früchte bilden sich wie Trauben an den Blütenrispen des 10 bis 12 m hohen immergrünen Baums aus. Ihr Äußeres ist ledrig-grün, faserig, im Inneren befinden sich die weißlich-gelben Kerne mit der runden, glatten, schwer zu knackenden hellbraunen Schale.

Herkunft und Geschichte
Aborigines sammelten Macadamia-Nüsse schon in der Steinzeit. Erst Mitte des 19. Jahrhunderts schloss die australische Nuss Bekanntschaft mit der restlichen Welt. Einer Version zufolge soll Walter Hill, gemäß einer anderen Ferdinand von Mueller die Nuss im australischen Küsten-Regenwald entdeckt haben – beide 1857, beide Botaniker und beide Freunde eines gewissen Dr. John Macadam, der jedoch weder die nach ihm benannte Nuss noch den Baum je zu Gesicht bekommen haben soll.

Anbau und Haupterzeugerländer
Macadamia-Nüsse stammen vorwiegend aus Australien, Hawai, afrikanischen und zentralamerikanischen Staaten sowie aus Kalifornien und Florida. Noch sind die Nüsse vergleichsweise teure Exoten und nicht in jedem Supermarktregal zu finden, was sich aber aufgrund der steigenden Beliebtheit sicher ändern wird, zumal auch in Südafrika, Malawi und anderen Ländern unter subtropischer Sonne Plantagen aufgezogen werden.

Verwendung
Die sehr fetthaltigen Nüsse (77% Fettanteil) schmecken süß, cremig-wachsig und passen ausgezeichnet zu Ananas. Gesalzen und geröstet stellen sie eine besondere «Aperitif-Nuss» dar. Sie lässt sich in der Küche überall dort einsetzen, wo man auch Mandeln und Haselnüsse verwenden kann, wobei ihr feiner Geschmack die beiden Klassiker um einiges übertrifft.

MANDEL

Schönheitsmittel des Altertums

Bezeichnung und Botanik
lateinisch: Prunus dulcis
englisch: almond
französisch: amande

Die deutsche Bezeichnung Mandel leitet sich aus dem griechischen «amygdala» ab, das bei den Römern zu «mandala» wurde. Die lichten, bis zu 10 m hohen Bäume aus der Familie der Rosengewächse, verwandt mit dem Pfirisch-, dem Pflaumen- und dem Aprikosenbaum, sind ein vertrauter Anblick im ganzen Mittelmeerraum. Sie verzaubern die Landschaft im frühen Frühjahr mit ihren zartrosa Blüten. Im Spätsommer und Herbst sind die rötlich-gelben bis ockerfarbenen Steinfrüchte reif, welche die grobporigen Steinkerne enthalten, in denen sich die Mandelsamen befinden. Krachmandeln nennt man Mandeln mit poröser Schale, Steinmandeln diejenigen mit harter Schale.

Herkunft und Geschichte
Mandeln sind die ältesten und meistangebauten Nüsse der Welt. Neben den Pistazien fanden sie als einzige in der Bibel Erwähnung. Ursprünglich aus Zentralasien stammend wurden sie schon im vorchristlichen Mesopotamien und Griechenland angebaut. Mandelöl ist eines der ältesten Schönheits- und Hautpflegemittel überhaupt. Die Römer assen Mandeln bevorzugt vor dem Essen, da die griechische Nuss, wie sie sie nannten, ihrer Vorstellung nach gegen Trunkenheit schützen sollte. Spanische Missionare brachten Mandelbäume nach Mexiko, von dort kamen sie nach Kalifornien. Mit der Aufgabe der Missionen war es aber auch mit den Mandelbäumen vorbei. Mitte des 19. Jahrhunderts wurden sie ein zweites Mal, diesmal über die Neuenglandstaaten, nach Kalifornien eingeführt, das heute mit Abstand die meisten Mandeln weltweit produziert.

Anbau und Haupterzeugerländer
Die wildwachsenden Mandelbäume lassen sich in Plantagen kultivieren. Haupterzeuger sind Kalifornien, Spanien, Portugal, Italien, Griechenland und Vorderasien.

Verwendung
Keine andere Nuss ist häufiger in alten Rezeptbüchern zu finden als die Mandel. In Südfrankreich isst man frische Mandeln zu einem kräftigen Butterbrot. Getrocknete Mandeln sind ein wichtiger Bestandteil vieler Süßspeisen und Kuchen. Mandelpasten und Marzipan sind in der Konditorei unerlässlich, ebenso wie geröstete, gesalzene Mandeln oder Rauchmandeln zum Aperitif.

Mandelmilch ist ein altbekannter Ersatz für Kuhmilch und fast genauso reich an Calcium. Sie gilt als Heilnahrung für Säuglinge, Kinder und Rekonvaleszente. Früher trank man sie während der Fastenzeit oder bei hohen Temperaturen, und besonders vornehme Damen sollen darin gebadet haben.

Mandelöl wird heute sowohl in der Küche als auch in der Kosmetik, Heilkunde und in der Feinmechanik als Schmieröl verwendet.

Bittermandel
(lat. Prunus amarus)
Bittermandeln enthalten Amygdalin, einen Bitterstoff, der in der Magensäure die giftige Blausäure abspaltet. Fünf roh verzehrte Bittermandeln können für Kinder bereits tödlich sein. Werden sie erhitzt, verflüchtigt sich der gefährliche Bitterstoff.

Bittermandeln und Bittermandelöl werden in der Kosmetik und Naturheilkunde sowie zum Backen und zur Marzipanherstellung verwendet und verstärken das Aroma der süßen Mandeln.

PARANUSS

Harte Nuss aus dem Urwald

Bezeichnung und Botanik
deutsch: auch Brasilnuss, Brasilkastanie, Tucannuss, Juvianuss und Amazonenmandel
lateinisch: Bertholletia excelsa
englisch: brazil nut
französisch: noix du Brésil, châtaigne du Brésil

Der Baumriese aus der Familie der Topffruchtgewächse wird zwischen 40 und 60 Meter hoch, seine belaubte Krone überragt wie ein Dach den Regenwald. Erst nach 30 Jahren steht er in voller Blüte und trägt 14 Monate später Früchte: schwere, dunkelbraune Kapselfrüchte, zwischen 100 und 600 an der Zahl. Diese ähneln in Größe und Aussehen großen Kokosnüssen und fallen zur Reifezeit zu Boden. Im Innern der Kaspelfrüchte sitzen exakt angeordnet wie die Schnitze einer Orange 12 bis 40 dreikantige, ölig-saftige Samenkerne, die von einer feinen, braunen Haut überzogen sind. Wegen ihres hohen Fettgehalts werden die Samenkerne, die Paranüsse, schnell ranzig.

Herkunft und Geschichte
Die Heimat der Paranuss sind die riesigen Amazonas-Wälder Brasiliens, Boliviens, Perus und Venezuelas. Als Mitte des 16. Jahrhunderts portugiesische See-

fahrer in die brasilianischen Urwälder eindrangen, entdeckten sie Bäume, die dem ostindischen Sapanbaum glichen, aus dessen Holz eine rote Farbe («brasil») gewonnen wurde. Der Legende nach haben sie das neu eroberte Land «terra de brasil», Land des roten Färberholzes, getauft. Die Nüsse dieses Baums wurden später nach dem Namen des brasilianischen Bundesstaats Pará benannt.

Anbau und Haupterzeugerländer

Paranüsse stammen nach wie vor aus den Regenwäldern im Amazonas-Gebiet und lassen sich nicht im Plantagenanbau kultivieren. Das Sammeln der Nüsse während der Regenzeit (November bis Februar) im Dschungel ist nicht ungefährlich, da, ganz abgesehen von den Gefahren des Urwalds, die 2 bis 3 Kilogramm schweren Früchte wie Kanonenkugeln von den 12 bis 15 Stockwerk hohen Baumriesen sausen. Sie werden an Ort und Stelle mit Machetenhieben aufgespaltet, ohne dass dabei die noch grünen Nüsse zerstört werden dürfen. In Kanus werden sie zu Sammelstellen gebracht und getrocknet, wodurch sie ihren leicht öligen Geschmack entfalten.

Verwendung

Paranüsse waren und bleiben die Exoten unter den Nüssen. Sie werden in den europäischen Küchen relativ selten gebraucht, obwohl sie gekocht, geröstet und gebraten verwendet werden können. Meist werden sie roh zum Aperitif verspeist. Große Mengen davon kann und soll gleichwohl niemand verzehren: 6 Paranüsse kommen einem Steak von 200 g Größe gleich.

PEKANUSS

Schöne Schwester der Walnuss

Bezeichnung und Botanik
deutsch: auch Hickorynuss
lateinisch: Carya illinoensis
englisch: pecan nut, hickory nut
französisch: noix de pecan

Die Pekannuss gehört zur Familie der Walnussgewächse (Juglandaceae). Die länglichen Schwestern der Walnüsse gedeihen im feuchtwarmen Klima am Hickorybaum, einem 30 bis 50 m hohen Nussbaum, der bis zu 300 Jahre alt werden kann. Hickorybäume sind sehr pflegebedürftig, müssen in den Sommermonaten bewässert werden und sind anfällig gegen Insekten- und Schorfbefall, weshalb sie im Plantagenanbau konstant gespritzt werden. Nach frühestens 8 bis 12 Jahren tragen die neueren Sorten Früchte. Die qualitativ hochwertigen Nüsse wachsen in Büscheln von 2 bis 20 Stück an den blütentragenden Ästen. Sie sind von einer dünnen, glatten, oft dunkelbraun gestreiften Schale umgeben, die leichter zu zerdrücken ist als die der Walnüsse. Pekannüsse schmecken süßer und sind fettreicher und um einiges aromatischer als Walnüsse.

Herkunft und Geschichte
Hickorybäume sind im Süden der USA, im Einzugsgebiet des Mississippi, beheimatet. Die Früchte des bedeutendsten Nussbaums Nordamerikas wurden seit Urzeiten von den Indianern als Nahrungs- und Diätmittel hoch geschätzt. Einigen Berichten spanischer Conquistadores zufolge haben sich Indianerstämme für zwei Monate im Jahr am «Fluss der Nüsse», dem Guadelupe, einem Nebenarm des Mississippi, niedergelassen, um nichts anderes als «Pacanes» zu essen. Die nachfolgenden französischen Siedler haben den Namen adaptiert und die schmackhaften Nüsse Pecanes genannt. Sie nahmen Pekannüsse von den Indianern als Tauschwährung entgegen und stellten fest, dass diese schmackhafter als die europäischen Walnüsse sind. Seit Mitte des 18. Jahrhunderts wurden Pekannüsse nach Europa exportiert, ein Jahrhundert später begann der kommerzielle Anbau der Hickorybäume. Dank des vielseitigen genetischen Materials kennt man heute über 100 Sorten und konnte dadurch auch die Anbaugebiete vergrößern. In jüngster Zeit sind die Pekannüsse sogar auf den Mond gereist – als Proviant im Gepäck der Astronauten.

Anbau und Haupterzeugerländer
Hauptlieferant ist nach wie vor Nordamerika; in ca. 20 US-Bundesstaaten werden Hickorybäume kultiviert. Weitere, weit weniger bedeutende Exportländer sind Mexiko, China, Australien, Südafrika, Israel und Indien. Aufgrund der wachsenden Nachfrage nach Pekannüssen werden in vielen subtropischen Ländern Versuchskulturen gestartet. Nach der Ernte werden die Nüsse getrocknet und

zur Vorbeugung gegen Insektenbefall begast.

Verwendung
Die fetthaltigen Nüsse kommen roh, geröstet, gerieben, gesalzen, mit oder ohne Schale in den Handel. Sie können anstelle von Walnüssen für die unterschiedlichsten Gerichte verwendet werden. Die amerikanische Küche hat sich die Hickorynüsse am innigsten einverleibt, die berühmteste amerikanische Nussspezialität ist der Pecan-Pie.

Das Holz des Hickorybaums gehört dank seiner zähen, harten und äußerst vibrationsfesten Konsistenz zu den Edelhölzern. Früher hat man Kutschenräder, Wagons, Hockeystöcke, Skier, Flugzeuge und Telegrafenmasten daraus gefertigt; heute landet es hauptsächlich in Möbelschreinereien oder in der Papierindustrie.

PINIENKERN

Italiens pikante Pestonuss

Bezeichnung und Botanik
deutsch: Piniennuss; veraltet auch Pignolie, Pignole, Piniole
lateinisch: Pinus pinea
englisch: pine nut
französisch: pignon

Pinienkerne sind die Ölsamen der bis zu 30 m hohen Schirmpinie, die zur Familie der Kieferngewächse (Pinaceae) gehört. Erst nach vierzig Jahren tragen die Pinienbäume voll Früchte. Nach drei Jahren sind die dicken Pinienzapfen reif, öffnen sich und lassen die hartschaligen, hell- bis dunkelbraunen Samen herausspringen, welche die fettglänzenden, elfenbeinfarbenen Kerne von der Form eines Reiskorns enthalten. Beim Trocknen springt ihre harte Schale auf. Man kennt ca. 100 verschiedene Pinienarten, von denen ein Dutzend – alle in der nördlichen Hemisphäre – qualitativ hochstehende essbare Pinienkerne liefern.

Herkunft und Geschichte
Über Herkunft und Geschichte ist wenig bekannt. Man vermutet, dass die Nusspinie aus Kleinasien stammt. Im gesamten Mittelmeerraum sind die hohen Bäume mit den typischen schirmartigen Kronen seit langem heimisch. Nordamerikanischen Indianerstämmen (Navajo, Pueblo,

Zuñi, Hopi und vielen anderen) waren Pinienkerne nicht nur als Nahrungs-, sondern auch als Heilmittel vertraut.

Anbau und Haupterzeugerländer
Pinienkerne stammen aus den europäischen Mittelmeerländern Italien, Portugal und Spanien sowie aus Nordafrika, China, Korea und den USA. Pinien lassen sich nicht im Plantagenanbau kultivieren die Zapfen werden in wildwachsenden Pinienwäldern gesammelt.

Verwendung
Pinienkerne sind in der Mittelmeerküche weit verbreitet. Geschält werden sie wie Mandeln zum Backen verwendet. Roh oder geröstet werden sie über Salate oder Gemüse gestreut. Besonders gut harmonieren sie mit Auberginen, Zucchini und Weinblättern. Gern füllt man mit den ölhaltigen Kernen auch Gemüse und Geflügel oder verwendet sie in Saucen, Desserts, exotischen Fruchtsalaten, Reisgerichten und vielem mehr.

PISTAZIE

Delikatesse aus dem Garten Scheherezades

Bezeichnung und Botanik
deutsch: auch Pimpernuss, Pistazienmandel
lateinisch: Pistacia vera
altpersisch: pistah
englisch: pistachio nut
französisch: pistache

Pistazien gedeihen büschelweise an einem bis 10 m hohen, verzweigten Baum oder Strauch, der wie der Cashewbaum zur Familie der Anacardien- beziehungsweise Sumachgewächse (Anacardiaceae) gehört. Von den 12 bekannten Spezies liefert nur eine, die Pistacia vera, die exquisiten Nüsse, die vor allem im Mittelmeerraum begehrt sind. Der langsam wachsende Baum trägt nur alle zwei Jahre länglich-dreikantige Steinfrüchte mit einer glatten, beinernen Schale, die bei der Reife aufspringt. Im Innern enthalten sie die nussig-aromatischen, hellgrünen bis rosagelben Samen. Pistazienbäume können mehrere hundert Jahre alt werden und unterliegen starken Ernteschwankungen.

Herkunft und Geschichte
Pistazien stammen aus Persien und waren schon im Altertum im gesamten Mittleren und Vorderen Orient verbreitet. In den königlichen babylonischen

Gärten wurden Pistazien 800 Jahre vor Christi Geburt angepflanzt – nicht nur wegen der Nüsse, die man roh aß oder für Gebäck verwendete, sondern auch wegen ihres Öls. Im alten Rom waren die kleinen grünen Samen eine teure Dessert-Delikatesse, die die Gallier von den Römern übernommen haben. Das Wort Pistazien war praktisch gleichbedeutend mit dem Begriff Dessert, da nach dem Abtragen des Geschirrs (altfrz. desservir) Pistazien auf den Tisch kamen.

Anbau und Haupterzeugerländer

Pistazien gedeihen sowohl wild als auch im Streu- und Plantagenanbau. Sizilien liefert beste Qualitätsware. Die Türkei, der Iran und die USA, hauptsächlich Kalifornien, sind die wichtigsten Exportländer. Beim Verzehr von Pistazien aus dem Iran rät das Bundesinstitut für gesundheitlichen Verbraucherschutz und Veterinärmedizin zur Zurückhaltung, da iranische Pistazien zum Teil weit über die zulässige Höchstmenge hinaus mit Aflatoxinen belastet sind. Aflatoxine sind erbgutschädigende und krebserregende Stoffe, die bei Schimmelpilzbefall gebildet werden. Die EG hat daher ein befristetes Importverbot für iranische Pistazien erlassen.

Verwendung

Pistazien finden in der Süß- und Backwarenindustrie genauso Verwendung wie in der Wurstwarenherstellung, als Gemüse-, Fleisch- und Geflügelfüllung oder solo, geröstet und gesalzen, zum Aperitif. In orientalischen Ländern ist die Bandbreite der kulinarischen Köstlichkeiten sehr groß; berühmt sind türkischer Nougat, Halva mit Pistazien, Lamm mit Pistazien oder mit Rosenwasser oder Zitronensaft parfümierte Pistazien als Snack im Mittleren Orient.

Die grüne Farbe der Nüsse ist ein Hinweis auf ihre Qualität und Frische – je grüner, desto besser. Ein weiteres Qualitätsmerkmal ist die Schale: Lacht die Schale, wie die alten Perser sagten, ist die Qualität gut. Lacht sie nicht, das heißt, ist sie geschlossen, ist die Ernte schlecht.

Die Rinde der Pistazienbäume sondert ein nützliches Balsamharz ab, das unter der Bezeichnung Mastix zur Herstellung von Firnissen und Lacken im Handel ist.

WALNUSS/ BAUMNUSS

Götterspeise oder die Königin der Nüsse

Bezeichnung und Botanik
deutsch: auch Baumnuss (vor allem in der Schweiz), Welschnuss, welsche Nuss, Walchnuss, Christnuss, Edelnuss, Polternuss, Steinnuss
lateinisch: Juglans regia
englisch: walnut
französisch: noix

Nicht von ungefähr ist die Walnuss im Französischen (noix) und Italienischen (noce) die Nuss schlechthin. Im Lateinischen war sie die Nuss Jupiters (Jovis glans, später zu juglans zusammengezogen), bei den Griechen war sie seinem Pendant Zeus geweiht und in beiden Kulturen die Speise der Götter. Die Botaniker verliehen ihr schließlich den Zusatz «könglich» (regia). Das deutsche Wort Walnuss leitet sich von Walch- bzw. Welschnuss ab; Welschland ist ein alter Begriff für Italien.

Der bis zu 30 m hohe Baum mit der ausladenden Krone ist ein Einzelgänger, er steht gern für sich und macht seinen Nachbarn das Leben schwer, vor allem der Eiche, die in seiner Nähe eingeht. Auch Insekten meiden den stolzen Baum aus der Familie der Nussbaumgewächse, weshalb ihn Bauern gern neben dem Misthaufen oder Stall gepflanzt haben. Im Mai/Juni blühen die männlichen Kätzchen und weiblichen Blütenähren, an denen die grünen, glatten, fleischigen Steinfrüchte heranwachsen. Wenn die Frucht reif ist, springt die äußere Schale auf und gibt den Nusskern mit seiner holzigen, dünnwandigen, hellbraunen Schale frei. Im Innern ist die Nuss durch ein verholztes Kreuzchen geviertelt. In seiner ertragreichsten Lebensspanne, zwischen dem 50. und 100. Jahr, trägt der bis zu 200 Jahre alt werdende Baum 100 bis 150 kg Nüsse.

Herkunft und Geschichte
Aus dem antiken Persien kam der Nussbaum, dessen Früchte zeitweise als Zahlungsmittel dienten, nach Karthago, Athen, Rom und schließlich ins restliche Europa. Karl der Große befahl seinen Anbau per Dekret. Auswanderer nach Amerika brachten ihn zu den Indianern, die am Geschmack der Walnüsse ebenfalls Gefallen fanden. Und seit Jahrhunderten sind sie an Nikolaus und Weihnachten nicht mehr wegzudenken.

Schon immer wussten die Menschen mit dem Baum mehr anzufangen als nur seine Nüsse zu ernten: Die Schalen der unreifen Frucht wurden bereits in Antike und Mittelalter zu medizinischen und hygienischen Zwecken genutzt. Die Räucherung der Blätter war zur Reinigung von Krankenzimmern üblich, die grüne Schale, gedörrt und gemahlen, wurde als Ersatz für den teureren Pfeffer verwendet, in Nordafrika «putzte» man mit der jungen Rinde die Zähne und sogar im Koran wird die Körperpflege mittels Walnuss empfohlen. In fast allen europäischen und vorderasiatischen Kulturen stand die Baumnuss im Ansehen eines Glückbringers für Frischvermählte: auf dem Weg des Brautpaars wurden Nüsse gestreut, die Braut sollte im Hinblick auf reichen Kindersegen viele Nüsse essen, und bei der Geburt des Stammhalters wurde eine Linde oder ein Nussbaum gepflanzt. Der Volksglaube wusste noch mehr: Stellte man sich bei Gewitter unter den Baum, sollte er den Schutzsuchenden, wie man es auch dem Haselstrauch andichtete, vor Blitzschlag bewahren. Der Schatten des Walnussbaums war zu meiden: Sass man längere Zeit darunter oder schlief unter ihm ein, konnte dies den Tod bringen.

Anbau und Haupterzeugerländer

Heute ist die USA der größte Walnussproduzent, gefolgt von Frankreich, Italien und China. Auch in Südamerika, vor allem in Chile, Nordafrika, den Balkanländern und Japan wird der Walnussbaum kultiviert. Der Baum gedeiht wild, im Streuanbau und im Plantagenanbau.

Verwendung

In der Küche ist die Walnuss eine äußerst vielseitige Verfeinerin. Sie macht ein Käse- oder Butterbrot (mit Apfelscheiben!) zur Delikatesse. Auch grüne Salate, Rotkohl oder Zucchini harmonieren mit der Walnuss. Huhn, Lachs, Tintenfisch oder Jakobsmuscheln werden in ihrer Begleitung zu einem neuen Geschmackserlebnis. Kurz, die Fantasie ist hier angesagt, wo Köche schon seit Jahrtausenden auf immer neu experimentieren. Frisch und grün kann man die Nuss der Nüsse in Pickles, Essig, Öl, Wein, Likör und Sirup einlegen. Auch bei Desserts ist sie gefragt, von Eis bis Toffee oder Nusstorte. Zum Abschluss ein Glas Portwein mit Walnüssen pur – schlicht ein Genuss.

Frische Nüsse sollten vor dem Verzehr von ihrer feinen, weißgelben Samenhaut befreit werden, damit sie nicht bitter schmecken. Dies lässt sich leicht bewerkstelligen, indem man sie mit heißem Wasser überbrüht und sogleich kalt abschreckt. Im Handel erhältlich sind die Nüsse in der Regel luftgetrocknet mit Schale oder als geschälte halbe Kerne.

Mit frischen Walnussschalen kann man Stoffe oder Haare färben. Früher wurde damit auch Holz behandelt, um es vor Ungeziefer zu schützen. Der Walnussbaum gehört dank seiner wunderbar lebendigen Maserung zu den wertvollsten und ausgesuchtesten Edelhölzern unter den einheimischen Bäumen. In der Naturheilkunde findet die Walnuss heute noch Anwendung.

REZEPTE

SPINATCREMESUPPE MIT MANDELN

- **2 EL Butterschmalz/Bratbutter**
- **4 EL Mandelstifte**

- **1 TL Garam Masala (Currymischung)**
- **1 Prise geriebene Muskatnuss**
- **1 Prise Pfeffer aus der Mühle**
- **2 EL geriebene Mandeln**
- **500 g Blattspinat, frisch oder tiefgefroren**
- **800 ml/8 dl Gemüsebrühe**
- **1 Becher (180 g) Crème fraîche**
- **Meersalz**
- **abgeriebene Schale und 1 TL Saft einer unbehandelten Zitrone**

1. Das Butterschmalz in einem Topf zerlassen und die Mandelstifte darin goldgelb braten, herausnehmen.

2. Garam Masala, Muskatnuss und Pfeffer im verbleibenden Butterschmalz kurz dünsten. Die geriebenen Mandeln dazugeben, umrühren und die Mischung leicht bräunen. Den Spinat dazugeben, unter Rühren zusammenfallen lassen. Mit der Gemüsebrühe aufgießen. 5 bis 8 Minuten köcheln lassen. Die Suppe pürieren.

3. Die Spinatcremesuppe mit der Hälfte der Crème fraîche aufkochen. Abschmecken mit Salz, Pfeffer, Zitronensaft und Zitronenschalen.

4. Die Spinatcremesuppe auf Suppenschalen oder Teller verteilen, mit den Mandelstiften und einem Klecks Crème fraîche garnieren.

Abbildung hinten

ERDNUSS-MÖHREN-SUPPE

für 4 bis 6 Personen

- **2 EL Erdnussöl**
- **600 g Möhren/Karotten**
- **2 große, mehlige Kartoffeln**
- **4 EL geröstete, gesalzene Erdnüsse**
- **2 Stängel Zitronengras**
- **Saft einer Blutorange**
- **1 l Gemüsebrühe**
- **1 TL Kurkuma (Gelbwurz)**
- **Meersalz**
- **Cayennepfeffer**
- **2 Zweiglein Basilikum oder 1 Zweiglein Minze**
- **2 Frühlingszwiebeln**

1. Die Möhren und die Kartoffeln schälen und in kleine Stücke schneiden. Die Erdnüsse im Mörser zerstoßen.

2. Möhren, Kartoffeln und Erdnüsse im Öl einige Minuten dünsten. Das Zitronengras dazugeben. Mit dem Orangensaft angießen. Das Gemüse zugedeckt auf kleinem Feuer weich kochen. Eventuell braucht es noch etwas Gemüsebrühe. Das Zitronengras entfernen.

3. Das Gemüse mit einem Teil der Gemüsebrühe pürieren. Das Püree und die restliche Brühe unter ständigem Rühren aufkochen, nochmals kurz köcheln lassen. Kurkuma beifügen. Abschmecken mit Salz und Pfeffer.

4. Die Kräuter in feine Streifen, die Frühlingszwiebeln in feine Scheiben schneiden. Die Suppe damit garnieren.

Abbildung vorn

WALNUSS-KARTOFFEL-SUPPE

- **1 Möhre/Karotte**
- **1/4 Knollensellerie**
- **1 kleine Zwiebel**
- **1/2 Lauchstange**
- **4 große, mehlige Kartoffeln, ca. 500 g**
- **1 l Wasser**
- **1 TL Fleisch- oder Gemüsebrühepulver**
- **1 TL Kelpamare (Algenwürze)**
- **1 Lorbeerblatt**
- **3 Zweiglein Majoran**
- **Meersalz**
- **Pfeffer aus der Mühle**

Einlage
- **Kerne von 10 Walnüssen**
- **100 g durchwachsener Räucherspeck**
- **1 Trockenwurst/Landjäger, ca. 70 g**
- **100 g/1 dl süße Sahne/Rahm**
- **1 Bund Schnittlauch**

1. Die Walnüsse grob hacken. Den Speck und die geschälte Trockenwurst klein würfeln, in einem Topf, am besten aus Gusseisen, auf kleinem Feuer auslassen. Die Nüsse dazugeben und bräunen. Aus dem Topf nehmen und beiseite stellen.

2. Das Gemüse putzen. Möhre, Sellerie und Kartoffeln würfeln, Zwiebel fein hacken, Lauch in feine Scheiben schneiden. Das Gemüse, ohne die Kartoffeln, im Gusseisentopf im verbliebenen Fett dünsten. Die Kartoffeln dazugeben, mit dem Wasser aufgießen. Die Suppe aufkochen und die Gewürze dazugeben, köcheln lassen, bis das Gemüse gar ist. Das Lorbeerblatt herausnehmen. Die Suppe pürieren.

3. Die Gemüsesuppe anrichten. Je einen Esslöffel geschlagene süße Sahne und Nuss-Speck-Mischung darauf geben. Den fein geschnittenen Schnittlauch darüber streuen.

Tipp: Die Suppe schmeckt auch vegetarisch gut: einfach Speck und Wurst weglassen. Das Gemüse stattdessen in einem Esslöffel Walnuss-/Baumnussöl kurz dünsten und die Walnusskerne erst kurz vor Ende der Kochzeit separat ohne Fett rösten.

RUCOLASALAT MIT PARMESAN UND PISTAZIEN

für 2 Personen

- **2 Hand voll Rucola/Rauke**
- **2 EL hauchdünne Parmesanraspel**
- **2 EL geschälte, gehackte Pistazien**

Sauce
- **3 EL Balsamessig**
- **Meersalz**
- **Pfeffer aus der Mühle**
- **5 EL Olivenöl extra nativ**

Die Rucola auf zwei Teller verteilen. Die Parmesanraspel und die Pistazien darüber streuen. Mit der Sauce beträufeln.

GEBRATENE STEINPILZE MIT SCHWARZEN NÜSSEN

für 2 Personen

- **400 g frische Steinpilze**
- **1 Bund glatte Petersilie**
- **2 Knoblauchzehen**
- **4 EL Olivenöl extra nativ**
- **Saft einer halben Zitrone**
- **Kräutermeersalz**
- **schwarzer Pfeffer aus der Mühle**
- **1 Prise Vollrohrzucker**

- **6 eingelegte schwarze Walnüsse/ Baumüsse, Seite 104**
- **1–2 EL kaltgepresstes Walnuss-/ Baumnussöl**
- **glatte Petersilie für die Garnitur**

1. Die Steinpilze putzen und in Scheiben schneiden. Die Petersilie entstielen, das Kraut fein hacken. Die Knoblauchzehen ebenfalls hacken.

2. Die Pilze zusammen mit dem Knoblauch im Öl braten. Mit Zitronensaft, Salz, Pfeffer und Zucker würzen. Die Petersilie untermischen.

3. Die Pilze auf Tellern anrichten. Die schwarzen Nüsse in Scheiben schneiden und über die Pilze verteilen. Mit dem Walnussöl beträufeln und der glatten Petersilie garnieren.

Tipp: Frisches Brot dazu reichen.

LAUWARMER SELLERIESALAT MIT PEKANNÜSSEN

- **1 mittelgroßer Knollensellerie**
- **2 Stängel Stauden-/Stangensellerie**
- **Saft einer halben Zitrone**

- **3 EL Pekannüsse**
- **1 Hand voll Rucola/Rauke**
- **1 rotbackiger Apfel**

Sauce
- **3 EL Weißweinessig**
- **4 EL Apfelsaft**
- **3–4 EL Selleriewasser**
- **Kräutermeersalz**
- **1 Prise Paprikapulver**
- **schwarzer Pfeffer aus der Mühle**
- **3 EL kaltgepresstes Sonnenblumenöl**
- **1 EL kaltgepresstes Walnuss-/ Baumnussöl**

1. Den Knollensellerie schälen und in Stäbchen schneiden. Den Staudensellerie in Scheiben schneiden. Beide Gemüse mit dem Zitronensaft im Salzwasser weich kochen, in einem Sieb abtropfen lassen.

2. Die Zutaten für die Sauce sämig rühren.

3. Die Pekannüsse grob hacken. Die Rucola klein schneiden. Den Apfel vierteln und entkernen, quer in feine Scheiben schneiden.

4. Den noch warmen Sellerie und die Apfelspalten mit der Sauce mischen. 15 Minuten ziehen lassen.

5. Die Nüsse unter den Salat mischen. Anrichten. Mit der Rucola garnieren.

ROTKOHLSALAT AN PINIENKERNMARINADE

- **1/2 kleiner Rotkohl/-kabis**
- **1/2 kleiner Chinakohl**

Sauce

- **Saft einer Blutorange**
- **3 EL Brombeer- oder Himbeeressig**
- **1/2–1 TL Kräutermeersalz**
- **1 Prise Zimtpulver**
- **1 TL grobkörniger Senf**
- **schwarzer Pfeffer aus der Mühle oder Orangenpfeffer**
- **2 EL kaltgepresstes Haselnussöl**
- **3 EL Olivenöl extra nativ**
- **2 Zweiglein Basilikum**
- **2 Zweiglein Koriandergrün oder Kerbel**
- **3 EL Pinienkerne**

1. Den Rotkohl fein hobeln, im Dampf 5 Minuten garen. Den Chinakohl quer in feine Streifen schneiden. Das Basilikum in feine Streifen schneiden. Das Koriandergrün hacken oder die Kerbelblättchen abzupfen. Die Pinienkerne in der Bratpfanne ohne Fett rösten.

2. Die Zutaten für die Sauce sämig rühren. Die Kräuter und die Pinienkerne unterrühren.

3. Die Marinade mit dem Rotkohl und dem Chinakohl mischen. Anrichten.

Tipp: Den Salat auf rotem Kopfsalat oder Feld-/Nüsslisalat anrichten.

Abbildung hinten

BROKKOLI-SPARGEL-SALAT MIT MOZZARELLA UND MANDELN

für 2 Personen

- **1 Brokkoli, ca. 200 g**
- **200 g weißer Spargel**
- **100 g weiße Champignons**
- **2 EL Mozzarella-Kügelchen**
- **2 EL geröstete Mandelstifte**

Vinaigrette

- **1 EL Zitronensaft**
- **2 EL Weißwein- oder Sherryessig**
- **Meersalz**
- **Pfeffer aus der Mühle**
- **1 EL kaltgepresstes Haselnussöl**
- **3 EL kaltgepresstes Sonnenblumenöl**
- **1 Bund Schnittlauch**

1. Den Brokkoli in kleine Röschen teilen. Den Spargel großzügig schälen, das Ende kappen, in Stücke schneiden. Beide Gemüse im Dampf knackig garen, etwa 20 Minuten. Den Brokkoli unter kaltem Wasser abschrecken.

2. Die Champignons in Scheiben schneiden.

3. Sämtliche Zutaten mit der Vinaigrette mischen.

Abbildung vorn

BLATTSALAT MIT WALNUSS-VINAIGRETTE

- **4 Portionen Blattsalat, z. B. Feldsalat/Nüsslisalat, Brüsseler Endivie, Eichblattsalat, Radicchio, Catalogna, Rucola, Löwenzahn, Kopfsalat**
- **3 EL Walnusskerne, grob gehackt**

Nussdressing
- **2 EL Sherryessig**
- **2 EL Himbeer-, Brombeer- oder Apfelessig**
- **4 EL Apfel- oder Johannisbeersaft**
- **1 TL grobkörniger Senf**
- **1 TL Kelpamare, nach Belieben**
- **Meersalz**
- **Pfeffer aus der Mühle**
- **3 EL Olivenöl extra nativ**
- **3 EL kaltgepresstes Walnuss-/Baumnussöl**
- **1 Zwiebel oder Schalotte**
- **1 Knoblauchzehe**

1. Den Blattsalat anrichten.

2. Die Zutaten für die Sauce sämig rühren. Die fein gehackte Zwiebel und den durchgepressten Knoblauch unterrühren.

3. Die Sauce über den Salat träufeln. Mit den gehackten Walnüssen bestreuen.

Tipp: Gebratene Pilze, z. B. Austernpilze, Champignons oder Steinpilze, gebratene Hühnerleber oder Kaninchenfilets sind eine feine Beilage zu diesem Salat.

Abbildung hinten

MARINIERTER KÄSE

für 2 Personen

- **2 Romadur oder Limburger**
- **1 große Zwiebel**
- **6–12 Walnuss-/Baumnusshälften**
- **schwarzer Pfeffer aus der Mühle**
- **Paprikapulver oder Cayennepfeffer**
- **2 Hand voll Gartenkresse**

Sauce
- **4 EL Weißweinessig**
- **3 EL Wasser**
- **Kräutermeersalz**
- **2 EL kaltgepresstes Walnuss-/Baumnussöl**
- **2 EL kaltgepresstes Sonnenblumenöl**

1. Den Käse und die Zwiebel in Scheiben schneiden.

2. Die Sauce sämig rühren.

3. Die Käsescheiben auf Tellern anrichten. Mit Pfeffer, Paprikapulver oder Cayennepfeffer würzen. Garnieren mit Zwiebeln, Nüssen und Kresse. Die Sauce darüber träufeln.

Tipp: Man kann auch eine gemischte Käseplatte «sauer» anrichten. Dazu passen außer Romadur und Limburger auch rezenter Appenzeller, Sbrinz (Hobelkäse), Greyerzer, Bio-Mutschli und viele andere Käsesorten. Nach Belieben mit halbierten Traubenbeeren garnieren.

Abbildung vorn

JUNGE ARTISCHOCKEN MIT PINIENKERNDIP

- **4 junge Artischocken**
- **Saft einer Zitrone**
- **Zitronenscheiben**
- **1 kleines Stück Knollensellerie**

Pinienkerndip
- **4 EL Olivenöl extra nativ**
- **3 EL provenzalischer Essig (Rotweinessig)**
- **2 EL Pinienkerne**
- **2 TL scharfer Senf**
- **1–2 TL Kapern**
- **2 Knoblauchzehen**
- **Kräutermeersalz**
- **schwarzer Pfeffer aus der Mühle**
- **1 hart gekochtes Freilandei**
- **1 kleine Zwiebel**
- **1 geschälte Tomate**
- **1/2 Bund Petersilie**
- **2 Thymianzweiglein**

1. Die Artischockenstiele bis auf 5 cm kürzen. Die unterste Blattreihe (Bodenblätter) entfernen. Die Stiele mit dem Sparschäler schälen. Die Blattspitzen 15 bis 20 mm kürzen. Die Artischocken mit Zitronensaft beträufeln und in einen Topf mit reichlich Salzwasser legen. 4 Zitronenscheiben und ein kleines Stück Knollensellerie dazugeben, aufkochen und auf kleinem Feuer 30 Min. köcheln lassen.

2. Für den Dip Öl, Essig, Pinienkerne, Senf, Kapern und geschälten Knoblauch pürieren. Würzen.

3. Das Ei schälen und klein hacken. Die Zwiebel fein hacken, die Tomate und den gekochten Sellerie klein würfeln. Die Petersilie fein hacken. Die Thymianblättchen zupfen. Alles mit dem sämigen Dip verrühren.

4. Die Artischocken aus dem Wasser nehmen und umgekehrt abtropfen lassen. Mit dem Dip servieren.

Tipp: Man arbeitet sich von außen nach innen zum Herz der Artischocke durch, indem man die Blätter einzeln oder mehrere gleichzeitig ablöst, in den Dip taucht und das anfänglich noch spärliche Gemüsefleisch mit den Zähnen abzieht. Ist man beim Herzen angelangt, entfernt man das Stroh mit dem Messer und gibt den Dip auf das köstliche Herz und den Stiel.

RÖMISCHER SALAT MIT GEGRILLTEN ÄPFELN UND PEKANNÜSSEN

- **3 rotbackige Äpfel**
- **2 kleine rote Zwiebeln**
- **1 Lattich**
- **4 EL Pekannüsse**

Vinaigrette
- **4 EL Apfelsaft**
- **4 EL Apfelessig**
- **1 TL Dijonsenf**
- **1/2 TL Meersalz**
- **schwarzer Pfeffer aus der Mühle**
- **4 EL kaltgepresstes Walnuss-/Baumnussöl**
- **4 EL kaltgepresstes Sonnenblumenöl**

1. Die Zutaten für die Vinaigrette zu einer sämigen Sauce rühren.

2. Bei den Äpfeln das Kerngehäuse ausstechen, die Früchte in feine Scheiben schneiden. Die Apfelscheiben in eine flache Schüssel legen. 4 Esslöffel Vinaigrette darüber träufeln, 30 Minuten marinieren.

3. Die Zwiebeln schälen und in Scheiben schneiden. Den Salat putzen und in schmale Streifen schneiden.

4. Die Pekannüsse im Backofen bei 250 °C kurz rösten.

5. Die Apfel- und die Zwiebelscheiben mit Küchenpapier trocken tupfen. Den Rost mit wenig Sonnenblumenöl bestreichen. Die Äpfel und die Zwiebeln darauf legen, im Backofen auf oberem Einschub bei 250 °C beidseitig je rund 4 Minuten grillen.

6. Die Marinade der Äpfel unter die Salatsauce rühren, mit dem Blattsalat vermengen.

7. Den Salat auf Tellern anrichten. Mit den leicht abgekühlten Apfel- und Zwiebelscheiben sowie den Nüssen garnieren.

ROTE BETEN MIT PISTAZIEN-INGWER-DRESSING

für 2 Personen

- **2 große, gekochte Rote Beten/ Randen**
- **1 kleine Zwiebel**
- **2 EL Pistazien**
- **1 EL gehackte frische Ingwerwurzel**

Sauce
- **2 EL Apfelessig**
- **2 EL Apfelsaft**
- **1/2 TL Dijonsenf**
- **1 Prise Meersalz**
- **1–2 EL kaltgepresstes Kürbiskernöl**

1. Die Roten Beten schälen und in feine Scheiben schneiden. Die Frühlingszwiebeln in feine Scheiben schneiden. Die Pistazien schälen und im Mörser grob zerstoßen.

2. Die Roten Beten auf Tellern anrichten. Mit der Sauce beträufeln. Zwiebeln, Pistazien und Ingwer darüber streuen.

Tipp: Statt Senf einen Teelöffel fein gehackten Meerrettich in die Vinaigrette geben.

Leberwurstschiffchen

- **16 entsteinte Backpflaumen**
- **60 g Leberwurst**
- **1 kleine Zwiebel**
- **6 Paranüsse**
- **1 TL Butterschmalz/Bratbutter**

1. Den Backofen auf 200 °C vorheizen.

2. Die Backpflaumen längs aufschneiden. Einen halben Teelöffel Leberwurst in die Vertiefung drücken.

3. Die Zwiebel hacken. Die Paranüsse in Scheiben schneiden, in einer Bratpfanne ohne Fett einige Minuten rösten, herausnehmen. Die Zwiebeln in der gleichen Pfanne im Butterschmalz goldbraun braten.

4. Die Zwiebeln und die Nüsse auf die Füllung verteilen, leicht zusammendrücken.

5. Die Leberwurstschiffchen im vorgeheizten Backofen bei 200 °C rund 12 Minuten backen.

Tipp: Mit Vollkornbrot oder Roggenbrot servieren. Sehr fein mundet dazu ein Gläschen Armagnac, Calvados oder Portwein.

Zum Rezept: Dieser Appetithappen steht und fällt mit der Qualität der Leberwurst. Meine Tante Lina hat mich mit ihren köstlichen überbackenen Leberwurst-Toasts auf diese Idee gebracht. Die Bayern, Franken und Österreicher haben es hier wohl leichter als andere, eine wirklich gute, grobe Leberwurst zu finden.

Abbildung hinten

Flambierter Ziegenkäse

- **2–3 große Äpfel**
- **1/4 l Wasser**
- **1 TL Honig**

- **4 kleine, runde Ziegenkäse, je ca. 80 g**
- **4 EL grob gehackte Haselnüsse und Mandeln, gemischt**
- **4 Zweiglein Thymian**
- **4 TL kalt gepresstes Haselnussöl**
- **4 EL Calvados**

1. Den Backofen auf 200 °C vorheizen.

2. Die Äpfel vierteln und entkernen. Die Apfelviertel in Spalten schneiden. Das Wasser mit dem Honig aufkochen, die Äpfel darin nicht zu weich kochen. Die Apfelspalten mit einem Schaumlöffel herausnehmen.

3. Die Apfelspalten rosettenartig in Gratinformen legen. Den Käse darauf legen. Mit den Nüssen und den gezupften Thymianblättchen bestreuen. Mit dem Öl beträufeln.

4. Den Ziegenkäse im Backofen bei 200 °C 10 Minuten überbacken. Die Formen aus dem Ofen nehmen. Mit Pfeffer würzen. Jeweils einen Esslöffel Calvados mit einem Feuerzeug von unten erhitzen und brennend über den Käse träufeln.

Tipp: Der flambierte Käse eignet sich auch als Dessert.

Abbildung vorn

Kraft-Sandwich

für 2 Personen

- **4 Scheiben Nuss- oder Vollkornbrot**
- **1 reifer Brie oder Camembert**

- **1 reife Avocado**
- **1 EL Zitronensaft**
- **Meersalz**
- **vegetarische Würzpaste oder einige Tropfen Sojasauce**
- **schwarzer Pfeffer aus der Mühle**
- **3 EL fein gehackte Cashewnüsse**

- **1/4 Salatgurke, in feinen Scheiben**
- **wenig Rucola/Rauke für die Garnitur**
- **einige Cashewnüsse für die Garnitur**

1. Die Avocado halbieren und entsteinen. Das Fruchtfleisch aus der Schale lösen und zusammen mit dem Zitronensaft mit einer Gabel zerdrücken. Würzen mit Salz, Würzpaste und Pfeffer. Die gehackten Cashewnüsse unterrühren.

2. Den Brie oder den Camembert in dünne Scheiben schneiden. Auf die Brotscheiben legen. Die Avocadomousse darauf ausstreichen. Mit den Gurkenscheiben belegen, garnieren mit der Rucola und den Cashewnüssen.

Abbildung hinten

Gemüsepaprika mit Pekannussfüllung

für 2 Personen

- **1 roter Gemüsepaprika/Peperoni**

- **1/2 rote Zwiebel**
- **1 Tasse Pekannüsse**
- **1/2 TL Paprika-, Sellerie- und Rosmarinpulver**
- **Pfeffer aus der Mühle**
- **einige Tropfen Sojasauce**
- **1 unbehandelte Zitrone, abgeriebene Schale und Saft**

- **frische Kräuter für die Garnitur**
- **einige geröstete Pekannüsse für die Garnitur**

1. Den Gemüsepaprika halbieren, den Stielansatz, die Kerne und die weißen Scheidewände entfernen.

2. Die Zwiebel schälen und hacken, zusammen mit den Nüssen nicht zu fein pürieren. Würzen. Die Zitronenschalen und den Zitronensaft unterrühren. In die Paprikahälften füllen.

3. Die gefüllten Paprikahälften im vorgeheizten Backofen bei 50 °C 15 Minuten erwärmen. Mit den Kräutern und den Nüssen garnieren.

Abbildung vorn

FLAMMECHUECHE MIT SPECK UND HASELNÜSSEN

für ein rechteckiges Blech

für 2 Personen als Hauptmahlzeit
für 4 Personen als Vorspeise

Teig
- **knapp 1/4 Hefewürfel**
- **150 ml/1,5 dl lauwarmes Wasser**
- **250 g Weizenvollkornmehl**
- **1/2 TL Meersalz**
- **2 EL Olivenöl extra nativ**

Belag
- **400 g Zwiebeln**
- **40 g Butterschmalz/Bratbutter**
- **150 g Magerquark**
- **150 g Crème fraîche**
- **1 Eigelb**
- **Meeersalz**
- **Pfeffer aus der Mühle**
- **150 g durchwachsener Speck**
- **75 g Haselnüsse, grob gehackt**
- **1 TL Kümmelsamen**

1. Für den Teig die Hefe in wenig lauwarmem Wasser flüssig rühren. Das Mehl in einer Schüssel mit dem Salz mischen, eine Vertiefung machen. Flüssige Hefe, Wasser und Öl in die Vertiefung geben. Das Mehl vom Rand her einarbeiten und zu einem Teig zusammenfügen. Den Teig auf der Arbeitsfläche rund 10 Minuten kneten. In die Teigschüssel legen und mit einem feuchten Tuch bedecken; auf das doppelte Volumen aufgehen lassen.

2. Die Zwiebeln schälen und in feine Scheiben schneiden. Im Butterschmalz kurz dünsten, beiseite stellen und abkühlen lassen.

3. Den Backofen auf 250 °C vorheizen.

4. Quark, Crème fraîche und Eigelb verrühren. Mit Salz und Pfeffer würzen.

5. Den Speck in kleine Würfel schneiden. In der Zwiebelpfanne auslassen, beiseite stellen. In der gleichen Pfanne die Nüsse im Schmalz rösten.

6. Den Hefeteig nochmals leicht kneten, auf einem mit Backpapier belegten Blech dünn ausrollen. Die Quarkmischung darauf ausstreichen. Mit den Zwiebeln belegen, den Speck, die Nüsse und den Kümmel darüber streuen.

7. Den Flammechueche im vorgeheizten Backofen bei 250 °C auf mittlerem Einschub 20 Minuten backen. Warm servieren.

Zum Rezept: Eine herzhafte Elsässer Spezialität, zu der ein Glas Gewürztraminer hervorragend passt.

WALNUSS-APFEL-BUTTER

- **70 g Walnüsse/Baumnüsse**
- **1 kleiner Apfel**
- **6 EL Apfelsaft**
- **250 g weiche Butter**
- **1 Msp geriebene Muskatnuss**
- **1/2 TL Pimentpulver**
- **1/2 TL Zimtpulver**

1. Den Backofen auf 160 °C vorheizen. Die Nüsse im vorgeheizten Backofen 15 Minuten rösten, bis sie goldbraun sind. Erkalten lassen. Fein reiben.

2. Den Apfel schälen, vierteln, entkernen und in kleine Stücke schneiden. Die Apfelstückchen 10 Minuten im Apfelsaft kochen, bis sie weich sind. Durch ein Sieb drücken und auskühlen lassen.

3. Nüsse, Butter, Gewürze und Apfelmus (2–3 EL davon genügen) gut verrühren.

Tipp: Die Butter ist im Kühlschrank eine Woche haltbar.

PISTAZIEN-ORANGEN-BUTTER

- **125 g weiche Butter**
- **1 unbehandelte Orange**
- **1 Bund glatte Petersilie**
- **2 EL geriebene Pistazien**
- **1 EL Senf**
- **wenig Orangen- und Limonensaft**
- **Meersalz**
- **Orangenpfeffer oder weißer Pfeffer aus der Mühle**

1. Die Schale der Orange mit der Rohkostreibe fein abreiben. Die Frucht auspressen. Die Petersilie fein hacken.

2. Die Butter mit dem Schneebesen luftig aufschlagen. Die übrigen Zutaten untermischen. Mit Salz und Pfeffer würzen.

Tipp: Zu kurz gebratenem Fleisch, Hähnchen- oder Putenbrustfilets servieren. Die Butter in einen Spritzbeutel mit gezackter Tülle füllen, auf Orangenscheiben spritzen und kühl stellen.

ERDNUSSBUTTER

- **frische Erdnüsse in der Schale**
- **Erdnussöl**
- **Meersalz**

Die Erdnüsse aus der Schale lösen, auch die braunen Häutchen entfernen. Mit sehr wenig Erdnüssöl pürieren und leicht salzen.

Tipp: Da die Erdnussbutter schnell ranzig wird, empfiehlt es sich, nur kleine Mengen zuzubereiten.

Abbildungen der drei Buttermischungen auf der nachfolgenden Seite

KASCHUTELLA-SCHOKO-NUSS-BUTTER

- **100 g weiche Butter**
- **1 Vanilleschote**
- **100 g Cashewnüsse**
- **2 EL Kakaopulver**
- **2 EL Sanddornmark**
- **1 EL flüssiger Honig**
- **1 EL kaltgepresstes Sonnenblumenöl**

1. Die Vanilleschote längs halbieren. Die Cashewnüsse fein reiben.

2. Die Butter mit dem ausgekratzten Vanillemark luftig aufschlagen. Geriebene Nüsse, Kakaopulver, Sanddornmark, Honig und Sonnenblumenöl unterrühren. Wenn die Masse zäh und zu wenig streichfähig ist, wenig Sonnenblumenöl oder Wasser unterrühren.

Tipp: Ein kraftspendender Brotaufstrich, den vor allem Kinder mögen. Im Kühlschrank aufbewahren und innerhalb von 1 bis 2 Wochen aufbrauchen.

Abbildung
vorn links: Walnuss-Apfel-Butter, Rezept Seite 55
vorn rechts: Kaschutella-Schoko-Nuss-Butter, Rezept oben
Mitte links: Erdnussbutter, Rezept Seite 55
Mitte rechts: Pistazien-Kräuter-Butter, Rezept rechte Spalte
hinten links: Pistazien-Orangen-Butter, Rezept Seite 55
im Hintergrund: Nussbrot, Rezept Seite 93

PISTAZIEN-KRÄUTER-BUTTER

- **125 g weiche Butter**
- **80 g Pistazien**
- **1–2 TL Senf**
- **1 Schalotte**
- **ein paar Tropfen Limonensaft**
- **1 EL fein geschnittene Petersilie**
- **2 EL fein geschnittener Schnittlauch oder Bärlauch**
- **1 TL fein geschnittener Kerbel**
- **1 TL fein geschnittener Estragon oder Dill**
- **1 TL Kräutermeersalz**
- **weißer Pfeffer aus der Mühle**
- **Cayennepfeffer**

1. Die Pistazien aus der Schale lösen. Die Kerne mit kochendem Wasser übergießen, 5 Minuten einweichen. Abgießen und die Nüsse kalt abschrecken, dann schälen. Fein hacken. Die trockenen Pistazien können auch in der Käsemühle gemahlen werden.

2. Die Butter luftig aufschlagen, geriebene Pistazien, Senf, fein gehackte Schalotten, Limonensaft und Kräuter untermischen. Die Butter würzen.

Tipp: Als Brotaufstrich eine Delikatesse; auch eine aromatische Kräuterbutter zu Fleisch und Gemüse.

Haselnuss-Crostini

für 4 bis 6 Personen

- **Bauernbrot**

- **1/2 Bund Basilikum**
- **3 Knoblauchzehen**
- **4 EL grob geriebene Haselnüsse**
- **3 EL Semmelbrösel/Paniermehl**
- **Saft einer halben Zitrone**
- **2 EL kaltgepresstes Haselnussöl**
- **6 EL Olivenöl extra nativ**
- **1 TL Meersalz**
- **schwarzer Pfeffer aus der Mühle**
- **Tabascosauce**

1. Das Basilikum fein schneiden. Die Knoblauchzehen schälen und fein hacken.
2. Sämtliche Zutaten bis und mit Olivenöl gut verrühren. Die Paste mit Salz, Pfeffer und Tabascosauce würzen.
3. Den Backofen auf 220 °C vorheizen.
4. Die Haselnusspaste auf fingerdicke Brotscheiben, am besten ein kräftiges Bauernbrot, streichen.
5. Die Crostini im vorgeheizten Backofen bei 220 °C im oberen Drittel überbacken.

Tipp: Eine raffinierte Beilage zu Gemüsesuppen wie Minestrone, die daraus eine Hauptmahlzeit macht.

Feurige Nussmischung

- **1 Eiweiß**
- **Meersalz**
- **Cayennepfeffer**
- **Paprikapulver**
- **Currypulver**
- **einige Spritzer Worcestersauce**
- **50 g Macadamianüsse**
- **50 g Pekannüsse**
- **50 g Cashewnüsse**
- **50 g Mandeln**
- **50 g Erdnüsse**

- **1 Knoblauchzehe für das Blech**

1. Das Backblech einfetten. Die Knoblauchzehe halbieren, das Backblech mit der Schnittfläche einreiben.
2. Den Backofen auf 150 °C vorheizen.
3. Das Eiweiß mit den Gewürzen und der Worcestersauce zu Schnee schlagen. Mit den Nüssen vermengen. Die Nussmischung auf das Backblech verteilen.
4. Die Knuspernüsse im vorgeheizten Backofen bei 150 °C rund 20 Minuten backen, bis die Nüsse trocken und knusprig sind.

NUSSIGES ROQUEFORT-BROT

für 2 Personen

- **Vollkornbrot**

- **2 EL gesalzene Nussmischung**
- **100 g Roquefort**
- **6 EL süße Sahne/Rahm**
- **2 EL fein gehackte Petersilie**
- **schwarzer Pfeffer aus der Mühle**

1. Die Nüsse im Mörser oder mit einem Messer grob zerkleinern.
2. Den Käse mit der Gabel zerdrücken. Die übrigen Zutaten unterrühren. Mit Pfeffer abschmecken.
3. Die Roquefort-Nuss-Masse auf dicke Vollkornbrotscheiben streichen.

KNABBERKERNMISCHUNG

- **50 g Sonnenblumenkerne**
- **50 g Kürbiskerne**
- **50 g grüne Pistazien**
- **50 g Erdnüsse**
- **1 TL Sesamöl**
- **1 Msp Kurkuma/Gelbwurz**
- **2 Msp Currypulver**
- **Meersalz**
- **50 g Sultaninen**

1. Kerne und Nüsse samt Gewürzen im Öl in der Pfanne 10 Minuten rösten. Abkühlen lassen.
2. Die Knabberkernmischung mit Salz würzen. Die Sultaninen untermischen.

INDISCHE NUSSMISCHUNG

- **1 EL Butterschmalz/Bratbutter**
- **50 g Cashewnüsse**
- **50 g Walnüsse/Baumnüsse**
- **50 g Mandelstifte**
- **50 g Rosinen**
- **1/2 TL Sambal Oelek**
- **1 TL Vollrohrzucker**
- **50 g Kokosraspel**
- **Meersalz**

1. Cashewnüsse und Walnüsse grob hacken.
2. Sämtliche Nüsse im Butterschmalz wenden. Rosinen, Sambal Oelek und Zucker dazugeben, unter ständigem Rühren rösten. Die Kokosraspeln zum Schluss unterrühren. Mit Salz würzen.

HASELNUSSSPÄTZLE

Spätzleteig
- **400 g Dinkelvollkornmehl**
- **50 g geriebene Haselnüsse**
- **150–200 ml/1,5–2 dl lauwarmes Wasser**
- **1 TL Meersalz**
- **6 Freilandeier**
- **1 EL Haselnussöl**

- **50 g Butter**
- **1 Prise geriebene Muskatnuss**
- **schwarzer Pfeffer aus der Mühle**

1. Sämtliche Zutaten zu einem glatten Teig verarbeiten, so lange rühren, bis er Blasen wirft. Der Teig soll zähflüssig vom Teiglöffel reißen. Eventuell braucht es noch etwas mehr Wasser.

2. In einem großen Topf reichlich Salzwasser aufkochen. Den Teig portionsweise mit dem Spätzlehobel ins sprudelnde Wasser hobeln. Die Spätzle sind gar, wenn sie an die Oberfläche steigen. Mit einem Schaumlöffel herausnehmen und unter kaltem Wasser abschrecken.

3. Die Butter erhitzen, die Spätzle darin kurz schwenken und würzen.

Tipp: Die Nussspätzle sind zusammen mit Gemüse und/oder Salat eine komplette Mahlzeit; sie sind auch eine feine Beilage zu Wild.

WEISSER SPARGEL MIT PISTAZIENSAUCE

für 2 Personen

- **500 g weißer Spargel**

- **3 EL Pistazien**
- **1 Lorbeerblatt**
- **1 EL Butter**
- **100 ml/1 dl trockener Weißwein**
- **100 g/1 dl süße Sahne/Rahm**
- **1 EL kalte Butter**
- **Meersalz**
- **Pfeffer aus der Mühle**
- **2 EL fein geschnittener Schnittlauch**

1. Die Schnittstelle beim Spargel kappen, die Stangen schälen, das untere Drittel großzügig, den Rest sparsam. Den Spargel im Dampf garen, je nach Dicke 20 bis 25 Minuten.

2. Die Pistazien aus der Schale lösen. Die Kerne mit kochendem Wasser übergießen, 5 Minuten einweichen. Die Nüsse kalt abschrecken und schälen, fein hacken.

3. Die Pistazien mit dem Lorbeerblatt in der Butter dünsten. Mit dem Weißwein angießen, wenig einköcheln lassen. Die süße Sahne beigeben, zu einer dicklichen Sauce einköcheln lassen. Das Lorbeerblatt entfernen. Die kalte Butter flockenweise unterrühren. Die Sauce mit Salz und Pfeffer abschmecken. Den Schnittlauch unterrühren.

Abbildung

Mandel-Pilz-Risotto

für 4 bis 6 Personen

- **20 g getrocknete Steinpilze**
- **$^1/_2$ l warmes Wasser**
- **1 kleine Zwiebel**
- **1 Stück Knollensellerie**
- **2 EL Haselnussöl**
- **4 EL geriebene Mandeln**
- **300 g italienischer Natur-Rundkornreis**
- **1 TL Gemüsebrühepulver**
- **400 g Champignons**
- **2–3 EL Olivenöl extra nativ**
- **Meersalz/Pfeffer**
- **geriebene Muskatnuss**
- **Parmesan**
- **4 EL geröstete Mandelstifte**
- **fein gehackte Petersilie**

1. Die Steinpilze im warmen Wasser 20 Minuten einweichen. Die Pilze ausdrücken und zerkleinern. Das Pilzwasser abseihen, zusammen mit einem Teelöffel Gemüsebrühepulver aufkochen.

2. Die Zwiebel und den Sellerie schälen und klein würfeln, im Haselnussöl kurz dünsten. Die geriebenen Nüsse und den Reis 5 Minuten mitdünsten. Die Steinpilze zum Reis geben, mit einem Schöpflöffel Gemüsebrühe angießen. Die Flüssigkeit immer wieder verdunsten lassen, erst dann Flüssigkeit nachgießen. Den Reis 25 bis 30 Minuten garen, er darf noch Biss haben.

3. Die Champignons in Scheiben schneiden und im Olivenöl braten. Unter den Risotto mischen. Mit der Petersilie und den Mandelstiften garnieren.

Mexikanische Erdnuss-Sauce

- **1 EL Erdnussöl**
- **1 Schalotte**
- **1 Knoblauchzehe**
- **1 Gemüsepaprika/Peperoni**
- **2 Tomaten**
- **100 ml/1 dl Gemüsebrühe**
- **100 g gesalzene Erdnüsse**
- **100 g saure Sahne/Sauerrahm**
- **Meersalz**
- **Pfeffer aus der Mühle**
- **Paprikapulver**
- **Cayennepfeffer**
- **1 Prise Vollrohrzucker**

1. Die Schalotte fein hacken. Den Knoblauch schälen. Den Gemüsepaprika mit dem Kartoffelschäler schälen. Die Frucht halbieren, den Stielansatz und die Kerne entfernen, von Hand oder im Cutter klein hacken. Die Tomaten an der Spitze kreuzweise einschneiden, in einem Schaumlöffel in kochendes Wasser tauchen, bis sich die Haut zu lösen beginnt. Die Früchte schälen, den Stielansatz entfernen, klein würfeln. Die Erdnüsse im Cutter oder in der Käsemühle reiben.

2. Die Schalotten im Öl goldgelb braten, den Knoblauch dazupressen. Den Gemüsepaprika und die Tomaten dazugeben und einige Minuten dünsten. Mit der Gemüsebrühe angießen, köcheln lassen, bis das Gemüse weich ist. Die geriebenen Erdnüsse und die saure Sahne unterrühren. Die Sauce würzen.

Tipp: Zu kurz gebratenem Fleisch, Reis oder zu Kartoffeln servieren.

NUSSRÖSTI MIT BÄRLAUCHQUARK

für 2 Personen

Nussrösti

- **6 mittelgroße Kartoffeln**
- **1 EL Paranüsse**
- **1 EL Haselnüsse**
- **1 EL Mandelblättchen**
- **1 EL Pistazien**
- **1–2 EL Dinkelmehl**
- **Meersalz**
- **schwarzer Pfeffer aus der Mühle**
- **1–2 EL Butterschmalz/Bratbutter**

Bärlauchquark

- **250 g Magerquark**
- **80 g/0, 8 dl süße Sahne/Rahm**
- **3 EL fein gehackter Bärlauch**
- **2 EL fein gehackte Petersilie**
- **2 Msp Kurkuma/Gelbwurz**
- **1 Frühlingszwiebel**
- **1 weich gekochtes Freilandei**
- **Meersalz**
- **2 Spritzer Zitronensaft**

1. Die Kartoffeln schälen und mit dem Gemüsehobel raspeln. Die Kartoffelraspeln in einem Küchentuch gut ausdrücken. 15 Minuten ruhen lassen.

2. Die Haselnüsse und die Paranüsse in Scheiben schneiden, die Pistazien hacken. Sämtliche Nüsse mischen.

3. Die Kartoffeln noch einmal ausdrücken. Mit den Nüssen und dem Mehl vermengen. Mit Salz und Pfeffer würzen.

4. Das Butterschmalz in einer großen Bratpfanne erhitzen, die Kartoffelmischung darin gleichmäßig verteilen. Auf mittlerem Feuer langsam braten, etwa 15 Minuten. Die Rösti wenden und fertig braten.

5. Den Quark und die süße Sahne mit den Kräutern und dem Kurkuma verrühren. Die Frühlingszwiebel fein hacken, das Ei schälen und fein hacken, beides unter den Quark rühren. Würzen mit Salz und abschmecken mit dem Zitronensaft.

Zum Rezept: Ein nahrhaftes Frühlingsgericht. Bärlauch sollte nur ganz frisch verwendet werden, damit er sein volles, knoblauchartiges Aroma entfalten kann. In den Monaten Februar und März ist er in Massen an feuchten Waldrändern mit Bachläufen zu finden. Man erkennt die zarten, lanzettförmigen, intensivgrünen Blätter eindeutig an ihrem Geruch. In den späten Frühlingsmonaten und wenn er bereits seine weißen Blüten trägt, sollte man Bärlauch nicht mehr verwenden, da er dann sehr intensiv und etwas bitter schmeckt.

KOKOS-KÜRBIS-CURRY IN DER ANANASSCHALE

- **500 g süßliches Kürbisfleisch (Moschussorte)**
- **1 roter Gemüsepaprika/Peperoni**
- **je 1 grüne und rote Pfefferschote/ Peperoncino**
- **2 Tomaten**
- **1 Zwiebel**
- **2 Knoblauchzehen**
- **1/2 TL fein gehackter frischer Ingwer**
- **1 EL Erdnussöl**
- **1–2 TL scharfes Currypulver**
- **Cayennepfeffer**
- **1 große Ananas**
- **300 ml/3 dl Kokosmilch**
- **Meersalz**
- **Kokoswürfelchen, siehe Kokos-Papaya-Salat, Seite 90**

1. Das Kürbisfleisch würfeln. Den Gemüsepaprika halbieren, den Stielansatz und die Kerne entfernen, die Fruchthälften in Quadrate schneiden. Den Kürbis und den Gemüsepaprika im Dampf knackig garen.

2. Die Pfefferschoten längs halbieren, den Stielansatz und die Kerne entfernen, in Streifchen schneiden. Die Tomaten an der Spitze kreuzweise einschneiden. In einem Schaumlöffel in kochendes Wasser tauchen, bis sich die Haut zu lösen beginnt. Die Tomaten schälen, den Stielansatz entfernen, würfeln. Die Zwiebel und die Knoblauchzehen schälen und fein hacken. Die Ananas längs halbieren, zuerst den harten Strunk herausschneiden, dann das Fruchtfleisch herauslösen, würfeln.

3. Pfefferschoten, Zwiebeln, Knoblauch, Ingwer, Curry und Cayennepfeffer im Öl 5 Minuten dünsten, die Tomaten dazugeben und kurz mitdünsten. Kürbis, Gemüsepaprika und Ananas dazugeben, auf kleinem Feuer 5 Minuten köcheln lassen. Die Kokosmilch unterrühren, nochmals kurz köcheln lassen. Mit Salz abschmecken.

4. Den Curry in die Ananashälften füllen. Die Kokoswürfelchen darüber verteilen.

Tipp: Zu diesem Curry passen Reis oder Mais, je nachdem, ob das Gericht eher indisch oder karibisch anmuten soll. Aber er schmeckt auch einfach so.

RATATOUILLE MIT PINIENKERNEN IM TEIGMANTEL

für 2 Personen

- **4 EL Olivenöl extra nativ**
- **1 kleine Zwiebel**
- **1–2 Knoblauchzehen**
- **1 große Aubergine**
- **Saft einer halben Zitrone**
- **3 kleine Zucchini**
- **1 roter oder grüner Gemüsepaprika/Peperoni**
- **2 Stängel Stauden-/Stangensellerie**
- **2 Tomaten**
- **1 Lorbeerblatt**
- **1 Bund Petersilie**
- **2 Thymianzweiglein**
- **Meersalz**
- **schwarzer Pfeffer aus der Mühle**
- **3–4 EL geröstete Pinienkerne**

- **250 Vollkornblätterteig**
- **150 g Crème fraîche**
- **1 Eigelb**

1. Die Zwiebel und den Knoblauch schälen und fein hacken. Die Aubergine beidseitig kappen, würfeln und das Fleisch mit Zitronensaft beträufeln. Die Zucchini beidseitig kappen, in Scheiben schneiden. Den Gemüsepaprika halbieren, den Stielansatz und die Kerne entfernen, in kleine Quadrate schneiden. Den Sellerie in Scheiben schneiden. Die Tomaten an der Spitze kreuzweise einschneiden, in einem Schaumlöffel in kochendes Wasser tauchen, bis sich die Haut zu lösen beginnt. Die Früchte schälen, den Stielansatz entfernen, würfeln

2. Die Zwiebeln und den Knoblauch im Öl dünsten. Auberginen, Zucchini, Gemüsepaprika und Sellerie mitdünsten. Tomaten, Lorbeerblatt und Kräuter beifügen, das Gemüse knackig kochen. Die Ratatouille mit Salz und Pfeffer würzen. Die Pinienkerne unterrühren. Erkalten lassen.

3. Den Backofen auf 220 °C vorheizen.

4. Den Blätterteig 2 mm dick ausrollen, 4 Rechtecke schneiden. Mit Crème fraîche bestreichen. Ratatouille darauf geben, die Teigränder so einschlagen, dass geschlossene Teigtaschen entstehen. Mit Eigelb bepinseln.

5. Die Teigtaschen im vorgeheizten Backofen bei 220 °C 20 bis 25 Minuten backen.

SÜSSES GEMÜSEGRATIN MIT HASELNUSSSTREUSELN

für 2 Personen als Hauptmahlzeit
für 4 Personen als Beilage

- **2 Fenchel**
- **6 Topinambure**
- **4 mittelgroße Kartoffeln**

Guss
- **1/2 l Milch**
- **200 g/2 dl süße Sahne/Rahm**
- **2 Knoblauchzehen**
- **Kräutermeersalz**
- **schwarzer Pfeffer aus der Mühle**
- **Cayennepfeffer**
- **geriebene Muskatnuss**

Streusel
- **1 EL Butter**
- **1–2 TL Vollrohrzucker**
- **2 EL geriebene Haselnüsse**

1. Den Backofen auf 200 °C vorheizen.

2. Die Fenchel putzen und in feine Scheiben schneiden. Die Topinambure unter fließendem Wasser gut bürsten, die Wurzeltriebe abschneiden, die Knollen in feine Scheiben schneiden. Die Kartoffeln schälen und ebenfalls in feine Scheiben schneiden. Das Gemüse in eine Gratinform einschichten.

3. Für den Guss die Milch und die süße Sahne verrühren, den Knoblauch dazupressen. Mit Salz, Pfeffer, Cayennepfeffer und Muskatnuss würzen. Den Guss über das Gemüse gießen.

4. Das Gratin im vorgeheizten Backofen bei 200 °C auf mittlerem Einschub rund 50 Minuten backen.

5. Für die Streusel die Butter schmelzen, den Zucker dazugeben und leicht karamellisieren. Die Haselnüsse beifügen und unter ständigem Rühren anziehen lassen. Die Streusel etwas abkühlen lassen, über das Gratin streuen.

Zum Rezept: Die süßen Streusel harmonieren ausgezeichnet mit dem süßlichen Aroma von Topinambur und Fenchel.

ÜBERBACKENER BLUMENKOHL MIT NUSSRESTEN

- **1 großer Blumenkohl**
- **4 EL fein gehackte Nüsse, je nach Vorrat**
- **3 EL Butter**
- **Kräutermeersalz**
- **etwas geriebene Muskatnuss**
- **Pfeffer aus der Mühle**

1. Den Blumenkohl im Dampf knackig garen.

2. Backofen auf 200 °C vorheizen.

3. Die Butter in einem kleinen Topf zerlassen, die Nüsse darin wenden. Würzen.

4. Den Blumenkohl in eine Gratinform legen. Die Nussmischung darüber verteilen.

5. Den Blumenkohl im vorgeheizten Backofen bei 200 °C 5 bis 10 Minuten überbacken.

LAUCH-WALNUSS-QUICHE

für ein Kuchenblech von 28 cm Durchmesser

für 2 Personen als Hauptmahlzeit
für 4 Personen als Vorspeise

- **250 g Blätterteig**

- **4 große Lauchstangen, 600–800 g**
- **1 kleiner roter Gemüsepaprika/ Peperoni**
- **1–2 EL Olivenöl extra nativ**
- **15 gehackte Walnusshälften**

Guss
- **1 Freilandei**
- **180 g/1,8 dl süße Sahne/Rahm oder Crème fraîche**
- **1 Prise geriebene Muskatnuss**
- **weißer Pfeffer aus der Mühle**
- **1 Prise Cayennepfeffer**
- **ein paar Tropfen Kelpamare (Algenwürze)**
- **Kräutermeersalz**
- **2 EL Dillspitzen**

1. Den Lauch putzen und in feine Scheiben schneiden. Den Gemüsepaprika halbieren, den Stielansatz und die Kerne entfernen, in kleine Quadrate oder in feine Streifen schneiden. Den Lauch und den Gemüsepaprika im Olivenöl 5 Minuten dünsten.

2. Den Backofen auf 220 °C vorheizen.

3. Für den Guss das Ei mit der Sahne verquirlen. Würzen. Dillspitzen, gehackte Nüsse und Gemüse mit dem Guss gut verrühren.

4. Den Teig rund ausrollen und in die Form legen. Die Füllung auf dem Teigboden verteilen.

5. Die Quiche im vorgeheizten Backofen bei 220 °C auf mittlerem Einschub 40 Minuten backen.

Abbildung

RAVIOLI MIT PEKANBUTTER

für 2 Personen

- **250 g frische Ravioli**

- **50 g Butter**
- **1/2 Bund Petersilie oder 12 Salbeiblätter**
- **2 gehäufte EL gehackte Pekannüsse**
- **geriebene Muskatnuss**
- **Käutermeersalz**
- **weißer Pfeffer aus der Mühle**
- **1 TL Walnuss-/Baumnussöl**
- **frisch geriebener Parmesan**

1. Die Petersilie oder den Salbei fein hacken.

2. Die Ravioli in reichlich Salzwasser al dente kochen.

3. Die Petersilie und die Pekannüsse in der heißen Butter anziehen. Würzen. Mit dem Walnussöl abschmecken.

4. Die Pekanbutter sorgfältig mit den Ravioli vermengen. Den Parmesan separat dazu servieren.

TARTE TOTIN

für ein Kuchenblech von 28 cm Durchmesser

für 2 Personen als Hauptmahlzeit
für 4 Personen als Vorspeise

- **220 g Vollkornblätterteig**

- **1,2 kg Fleischtomaten**
- **3 EL Olivenöl extra nativ**
- **1 gehäufter EL Vollrohrzucker**
- **5 EL Pinienkerne**
- **2 Rosmarinzweiglein**
- **6 Thymianzweiglein**
- **2 Knoblauchzehen**
- **Meersalz**
- **Pfeffer aus der Mühle**

- **Pinienkerne für die Garnitur**

1. Die Tomaten an der Spitze kreuzweise einschneiden, in einem Schaumlöffel in kochendes Wasser tauchen, bis sich die Haut zu lösen beginnt. Die Früchte schälen, den Stielansatz entfernen, in Scheiben schneiden.

2. Die Rosmarinnadeln abstreifen. Die Thymianblättchen abzupfen. Die Knoblauchzehen schälen.

3. Öl, Zucker, Pinienkerne und Rosmarinnadeln in einer großen Bratpfanne unter Rühren karamellisieren, Tomaten, durchgepressten Knoblauch und Thymianblättchen dazugeben, aufkochen. Mit Salz und Pfeffer würzen. 30 Minuten auf kleinem Feuer offen köcheln lassen. Die Tomaten in einem Chromstahlsieb abtropfen lassen, die Flüssigkeit auffangen.

4. Das Kuchenblech mit etwas aufgefangenem Tomatensaft einpinseln.

Den Blätterteig auf Blechgröße, ohne Rand, ausrollen. Mit einer Gabel mehrere Male einstechen.

5. Das Tomatenkonzentrat in das Blech füllen. Mit dem Blätterteig decken.

6. Tarte Totin auf mittlerem Einschub in den kalten Backofen schieben. Bei 220 °C 25 bis 30 Minuten backen. Den Tomatenkuchen auf eine Kuchenplatte stürzen. Mit ein paar gerösteten Pinienkernen garnieren. Heiß oder lauwarm servieren.

Tipp: Die Tarte Totin schmeckt auch als kalte Vorspeise vorzüglich; mit schwarzen Oliven servieren.

Frühlingsgemüse aus dem Wok

- **500 g Stielmangold/Krautstiele**
- **1/2 Chinakohl, ca. 250 g**
- **2 Frühlingszwiebeln**
- **1 Lauchstange**
- **1 Möhre/Karotte**
- **100 g weiße Champignons**
- **1 EL Soja- oder Erdnussöl**
- **1 TL Kurkuma/Gelbwurz**
- **Cayennepfeffer**
- **3 EL Erdnüsse**
- **1/2 TL fein gehackter frischer Ingwer**
- **1–2 EL Reisessig**
- **2 EL Sojasauce**
- **1 EL flüssiger Honig**
- **2 Msp Ingwerpulver oder 1/2 TL fein gehackter frischer Ingwer**
- **1 kleine Dose Bambussprossen nach Belieben**
- **1 Bund Schnittlauch**
- **1 Msp geriebene Muskatnuss**
- **Meersalz**

1. Den Stielmangold putzen, in breite Streifen schneiden. Den Chinakohl ebenfalls in breite Streifen schneiden. Beide Gemüse im Dampf 5 Minuten garen. Mit kaltem Wasser abschrecken.

2. Das Zwiebelgrün samt Zwiebeln in Längsrichtung in feine Scheiben schneiden. Den Lauch in 10 cm lange Stücke und diese in Längsrichtung in Streifen schneiden. Die Möhre putzen, mit dem Kartoffelschäler dünne Streifen abziehen, den Rest essen! Die Champignons putzen und in feine Scheiben schneiden.

3. Das Öl im Wok erhitzen. Kurkuma, Cayennepfeffer, Erdnüsse und Ingwer darin wenden. Die mit dem Honig verrührte Sojasauce sowie Frühlingszwiebeln, Lauch, Möhren und Champignons dazugeben, unter Rühren kurz braten. Mit dem Reisessig angießen. Chinakohl und Stielmangold dazugeben, unter Rühren 5 Minuten braten. Die Bambussprossen beifügen und kurz erhitzen. Den fein geschnittenen Schnittlauch darüber streuen. Mit Muskatnuss und wenig Salz abschmecken.

Tipp: Nach Belieben mit Reis servieren. Dazu passen zarte, in Sojasauce, Honig und Sambal Oelek marinierte Hähnchen- oder Rinderfleischstreifen, die ganz am Anfang in einem Esslöffel Öl kurz gebraten und mit Salz und Pfeffer gewürzt werden. Dann stellt man das Fleisch beiseite und mischt es am Schluss unter das Gemüse.

Kokos-Porridge

für 1 Person

- **5 getrocknete Datteln**
- **5 EL Hafergrütze**
- **200 ml/2 dl Wasser**
- **1 Prise Meersalz**
- **1 EL geriebene Mandeln**
- **100 g/1 dl süße Sahne/Rahm**
- **1 TL Korinthen oder Rosinen**
- **1 EL Kokosflocken**
- **1 TL Vollrohrzucker**
- **1 Prise Zimtpulver**

1. Die getrockneten Datteln 15 Minuten in warmem Wasser einlegen. Dann die Datteln halbieren, den Stielansatz und den Kern entfernen, klein schneiden.

2. Die Hafergrütze mit dem Wasser und dem Salz unter Rühren aufkochen, 15 Minuten auf kleinstem Feuer quellen lassen. Mandeln, süße Sahne, Datteln, Korinthen und Kokosflocken dazugeben und weitere 5 bis 10 Minuten auf kleinstem Feuer quellen lassen. Mit Zucker und Zimt abschmecken.

Tipp: Eine kräftigendes Frühstück, das den Magen wärmt und den Geist weckt.

SCHARFES AUBERGINEN-GEMÜSE MIT CASHEWNÜSSEN

- **3–4 EL Olivenöl extra nativ**
- **3 Schalotten**
- **1 Knoblauchzehe**
- **1 kleines Stück Ingwer (1 gehackter TL)**
- **75 g Cashewnüsse**
- **1–2 EL Sambal Oelek**
- **2 kleine Auberginen**
- **2 Stängel Stauden-/Stangensellerie**
- **1 kleiner roter Gemüsepaprika/ Peperoni**
- **Saft einer Zitrone**
- **1 EL Reis- oder Weißweinessig**
- **3 Tomaten**
- **1 Msp Zimtpulver**
- **1 Msp Korianderpulver**
- **1 TL Kreuzkümmel**
- **3 Zweige Koriandergrün oder Minze**
- **Meersalz**

1. Die Auberginen beidseitig kappen, zuerst in Scheiben und dann in Streifen schneiden. Den Staudensellerie in Scheiben schneiden. Den Gemüsepaprika halbieren, den Stielansatz und die Kerne entfernen, quer in Streifen schneiden. Das Gemüse mit dem Zitronensaft marinieren, leicht salzen. 1 Stunde ziehen, dann in einem Sieb abtropfen lassen.

2. Die Tomaten an der Spitze kreuzweise einschneiden. In einem Schaumlöffel in kochendes Wasser tauchen, bis sich die Haut zu lösen beginnt. Die Früchte schälen, den Stielansatz entfernen, würfeln.

3. Die Schalotten schälen und achteln, den Knoblauch und den Ingwer schälen und fein hacken.

4. Das Öl im Wok oder in einer großen Bratpfanne erhitzen. Schalotten, Knoblauch, Ingwer und Cashewnüsse darin goldgelb rösten. Sambal Oelek dazugeben und kurz weiterbraten. Auberginen, Sellerie und Gemüsepaprika dazugeben, unter ständigem Rühren etwa 8 Minuten braten. Den Reisessig und die Tomaten dazugeben, eventuell mit wenig Wasser angießen. Die Gewürze unterrühren, zugedeckt 10 Minuten fertig garen. Koriandergrün oder Pfefferminzblätter klein hacken und über das Gemüse streuen.

Tipp: Mit Reis, Hirse oder Linsen servieren.

Abbildung Seite 78

BÄRLAUCHPESTO

- **5 EL Bärlauchblätter**
- **1 Bund Basilikum**
- **1 Bund glatte Petersilie**
- **4 Knoblauchzehen**
- **3 EL Pinienkerne**
- **150–200 ml/1,5–2 dl Olivenöl extra nativ**
- **3 EL frisch geriebener Parmeasn**
- **Meersalz**
- **schwarzer Pfeffer aus der Mühle**
- **1 Prise geriebene Muskatnuss**

1. Beim Basilikum und bei der Petersilie die dicken Stängel entfernen. Sämtliche Kräuter zusammen mit den Pinienkernen und dem Öl in das Mixerglas geben. Nicht zu fein pürieren. Den Parmesan unterrühren. Würzen.

Tipp: Passt zu Nudeln, Spagetti, Kartoffeln und Reis.

Abbildung Mitte

WALNUSS-MAJORAN-PESTO

für 2 bis 4 Personen

- **100 g Walnüsse/Baumnüsse**
- **1 Bund Majoran**
- **1 Bund Petersilie**
- **100 ml/1 dl Olivenöl extra nativ**
- **100 g Crème fraîche**
- **50 g Parmesan**
- **Meersalz**
- **Pfeffer aus der Mühle**

1. Die Blättchen des Majorans abzupfen, bei der Petersilie die Stängel abschneiden. Den Parmesan würfeln.

2. Nüsse, Kräuter, Öl, Crème fraîche und Käse nicht zu fein pürieren. Den Pesto mit Salz und Pfeffer würzen.

Tipp: Passt zu Nudeln, Kartoffeln und Reis.

Abbildung rechts

SAUERAMPFER-NUSS-DRESSING

für 2 Personen

- **50 g halbierte Haselnüsse**
- **50 g Sauerampferblätter**
- **50 g Gartenkresse**
- **1 mittelgroße Zwiebel**
- **1 EL Apfelsaft**
- **2 EL Sherry- oder Weißweinessig**
- **Meersalz**
- **schwarzer Pfeffer aus der Mühle**
- **5 EL kaltgepresstes Haselnussöl**

1. Die Haselnüsse in einem kleinen Pfännchen ohne Fett rösten.

2. Die Sauerampferblätter fein hacken. Die Zwiebel ebenfalls fein hacken.

3. Den Apfelsaft und den Essig gut verrühren. Würzen. Das Öl unterrühren. Haselnüsse, Kräuter und Zwiebeln dazugeben.

Tipp: Das Dressing passt zu Rohkost und gedämpftem Gemüse.

KASTANIENGNOCCHI MIT NUSSSAUCE

Gnocchi

- **120 g geschälte frische Kastanien**
- **2 Freilandeier**
- **1 mittelgroße Zwiebel**
- **2 Knoblauchzehen**
- **1 TL Butterschmalz/Bratbutter**
- **100 g feiner Roggenschrot**
- **250 ml/2,5 dl Gemüsebrühe**
- **1 TL Sojasauce**
- **Kräutermeersalz**
- **Pfeffer aus der Mühle**

Nusssauce

- **50 g gehackte Walnüsse/ Baumnüsse**
- **1 durchgepresste Knoblauchzehe**
- **2 EL Semmelbrösel/Paniermehl**
- **2 EL Wasser**
- **50 g/0,5 dl süße Sahne/Rahm**
- **Meersalz**
- **Pfeffer aus der Mühle**

- **flüssige Butter für die Form und zum Bestreichen der Gnocchi**

1. Die Kastanien im Dampf gut weich kochen. Abkühlen lassen. Mit den Eiern pürieren.

2. Die Zwiebel fein hacken, den Knoblauch durchpressen, beides im Butterschmalz dünsten. Den Roggenschrot dazugeben und mitdünsten. Mit der Gemüsebrühe angießen, aufkochen und unter ständigem Rühren auf kleinem Feuer köcheln lassen, bis sich die Masse vom Boden löst. Auf der ausgeschalteten Wärmequelle zugedeckt ausquellen und abkühlen lassen. Sojasauce und Kastanienpüree unterrühren.

3. Für die Nusssauce sämtliche Zutaten gut verrühren.

4. Den Backofen auf 220 °C vorheizen. Eine Gratinform mit Butter einstreichen.

5. In einem großen Topf reichlich Salzwasser erhitzen. Vom Gnocchiteig mit Hilfe von 2 Teelöffeln kleine Klößchen abstechen und diese ins kochende Wasser geben. Sobald die Gnocchi an die Oberfläche steigen, diese mit einem Schaumlöffel herausnehmen und in die gebutterte Gratinform füllen. Jede Lage mit flüssiger Butter einpinseln. Die Nusssauce darüber verteilen.

6. Die Gnocchi im vorgeheizten Backofen bei 220 °C 10 Minuten überbacken.

Zum Rezept: Das Gericht wurde dem Kastanien-Kochbuch von Erica Bänziger entnommen.

AUBERGINEN MIT HASELNUSS-SARDELLEN-FÜLLUNG

für 2 Personen

- **2 mittelgroße Auberginen**
- **4 EL Olivenöl extra nativ**

- **1/2 altbackene Semmel/Brötchen**
- **4 EL geriebene Haselnüsse**
- **3 Thymianzweigchen**
- **1 Bund Petersilie**
- **2 EL kaltgepresstes Haselnussöl**
- **2 Knoblauchzehen**
- **Saft einer halben Zitrone**
- **Tabascosauce**
- **schwarzer Pfeffer aus der Mühle**
- **1 kleine Dose Sardellenfilets**
- **10 entsteinte schwarze Oliven**
- **Meeersalz**

- **1 Zitrone für die Garnitur**
- **Thymian für die Garnitur**

1. Die Auberginen längs halbieren und aushöhlen. Das Fruchtfleisch klein würfeln, mit den Auberginenhälften im Olivenöl braten. Nach 5 Minuten wenden und von der anderen Seite braten.

2. Backofen auf 240 °C vorheizen.

3. Die Semmel von Hand zerreiben oder im Cutter mahlen. Die Thymianblättchen abzupfen, die Petersilie fein hacken. Die Sardellen und die Oliven hacken.

4. Semmelbrösel, Haselnüsse und Kräuter mit dem Öl vermengen. Den Knoblauch dazupressen. Würzen mit Zitronensaft, Tabascosauce und Pfeffer. Sardellen, Oliven und gebratene Auberginenwürfelchen untermischen.

5. Auberginenhälften innen mit Salz und Pfeffer würzen. In eine Gratinform stellen.

6. Die Auberginen im Backofen bei 240 °C 15 Minuten gratinieren. Mit Thymian und Zitronenscheiben garnieren.

Tipp: Mit Reis servieren.

RAVIOLI AN GORGONZOLA-NUSS-SAUCE

für 2 Personen

- **300 g frische Ravioli mit Fleischfüllung**

Sauce
- **10 ganze Walnüsse/Baumnüsse**
- **100 g rezenter Gorgonzola**
- **100 g/1 dl süße Sahne/Rahm**
- **1 Knoblauchzehe**
- **Meersalz**
- **weißer Pfeffer aus der Mühle**

1. Die Walnusskerne grob hacken. Den Knoblauch fein hacken.

2. Die Ravioli im Salzwasser al dente kochen. Abgießen und warm stellen.

3. Den Gorgonzola in einem kleinen Topf mit der Gabel zerdrücken. Nüsse, Knoblauch und süße Sahne dazugeben, unter Rühren bei kleiner Hitze zu einer sämigen Sauce köcheln. Würzen.

4. Die Ravioli anrichten. Die Sauce darüber gießen.

FLEISCHSPIESSCHEN AN ERDNUSSSAUCE

- **600 g dicke Schweine- oder Puten-/ Pouletbrustschnitzel**

Marinade
- **1 EL flüssiger Honig**
- **1 EL Zitronensaft**
- **1 EL Ketschup**
- **1 TL Sambal Oelek**
- **2 durchgepresste Knoblauchzehen**
- **2 EL Sojasauce**
- **weißer Pfeffer aus der Mühle**

- **wenig Erdnussöl**

Erdnusssauce
- **100 g weiche Erdnussbutter, Seite 55**
- **3 EL Sojasauce**
- **2 EL Zitronensaft**
- **1 EL Sambal Oelek oder 1 TL zerstoßene, getrocknete Pfefferschoten/Peperoncini**
- **1 EL geriebene frische Ingwerwurzel**
- **1 durchgepresste Knoblauchzehe**
- **1 EL flüssiger Honig**
- **1 EL Weißwein- oder Reisessig**
- **50–100 ml/0,5–1 dl Wasser**

1. Das Fleisch in mundgerechte Würfel schneiden. Die Zutaten für die Marinade verrühren und das Fleisch darin wenden. 1 Stunde zugedeckt marinieren.

Abbildung
vorn: Fleischspiesschen
hinten: Auberginen-Gemüse, Rezept Seite 73

Die Fleischwürfel mit Haushaltpapier abtupfen, auf Spießchen stecken.

2. Für die Sauce die Zutaten bis und mit Essig in einer Pfanne gut verrühren. Die Sauce kurz vor dem Servieren aufkochen und so viel kaltes Wasser unterrühren, bis sie die richtige Konsistenz hat.

3. Die Bratpfanne mit wenig Öl einstreichen. Die Spießchen in der heißen Pfanne beidseitig 3 bis 5 Minuten braten.

SEPIA-SPAGETTI «CRESPI»

- **500 g schwarze Spagetti**

- **8–10 EL Olivenöl extra nativ**
- **4 große Knoblauchzehen**
- **8 kleine Pfefferschoten/Peperoncini**
- **250 g geschälte Riesengarnelen/ -krevetten**
- **250 g Kalamare**
- **6 EL Pinienkerne**
- **1 Bund glatte Petersilie**
- **Meersalz**
- **schwarzer Pfeffer aus der Mühle**

1. Die Knoblauchzehen schälen und in feine Scheiben, die Pfefferschoten in Ringe schneiden. Die Petersilie fein hacken.

2. Die Spagetti in reichlich Salzwasser al dente kochen. Abgießen und mit kaltem Wasser abschrecken.

3. Knoblauch, Pfefferschoten, Garnelen und Kalamare im Olivenöl auf mittlerem Feuer unter häufigem Rühren 8 Minuten braten. Die Pinienkerne und die Petersilie unterrühren. Würzen. Die Spagetti dazugeben und unter Rühren erwärmen.

AFRIKANISCHER FISCH-EINTOPF MIT ERDNÜSSEN

- **2 EL Erdnussöl**
- **500 g Fischfilets, festes Fleisch**
- **1 mittelgroße Zwiebel**
- **1 rote Pfefferschote/Peperoncino**
- **5 Tomaten**
- **je 1/2 gelber und roter Gemüse-paprika/Peperoni**
- **1 TL Sambal Oelek**
- **1 TL fein gehackter Ingwer**
- **100 g Erdnussbutter, Seite 55**
- **250 ml/2,5 dl Wasser oder Fischfond**
- **Meersalz**

- **ausgelöste Garnelen für die Garnitur, nach Belieben**

1. Die Fischfilets in Stücke schneiden. Die Zwiebel hacken. Die Pfefferschote längs halbieren, entkernen und hacken. Die Tomaten an der Spitze kreuzweise einschneiden. In einem Schaumlöffel in kochendes Wasser tauchen, bis sich die Haut zu lösen beginnt. Die Früchte schälen, den Stielansatz entfernen. Die Gemüsepaprika mit dem Kartoffelschäler schälen, den Stielansatz und die Kerne entfernen, klein würfeln.

2. Die Fischstücke im Öl kurz braten, herausnehmen und beiseite stellen.

3. Zwiebeln und Pfefferschoten in der Fischpfanne im Öl kurz dünsten, Tomaten, Gemüsepaprika, Sambal Oelek und Ingwer dazugeben und mitdünsten.

4. Den Backofen auf 200 °C vorheizen.

5. Die Erdnussbutter mit dem Wasser oder dem Fischfond pürieren, bis sie von sämiger Konsistenz ist. Zum Gemüse geben, gut rühren und 5 Minuten auf kleinem Feuer zugedeckt köcheln lassen. Eventuell braucht es noch etwas Wasser. Mit Salz würzen.

6. Die Fischstücke und das Gemüse samt Sauce in eine ofenfeste Form füllen.

7. Das Fischgericht im vorgeheizten Backofen bei 200 °C 20 Minuten überbacken. Die Garnelen die letzten 5 Minuten mitbacken.

GEFÜLLTES HÄHNCHEN

- **1 Freiland-Hähnchen/Poularde, 1200 g**
- **Meersalz**
- **Pfeffer aus der Mühle**
- **Paprika-, Sellerie- und Rosmarinpulver**
- **Wasser zum Begießen**
- **1 EL weiche Butter zum Einstreichen**

Füllung
- **50 g Pekannüsse**
- **50 g Knollensellerie**
- **1 kleine Zwiebel**
- **1 Apfel**
- **1 Kiwi**
- **1 große Zitrone**
- **2 EL fein gehackte Salbeiblätter**
- **1 TL weiße Pfefferkörner**
- **1 EL Butter**

1. Das Hähnchen innen und außen waschen, mit Küchenpapier trocknen. Die Gewürze mischen und das Hähnchen damit beidseitig einreiben.

2. Den Backofen auf 180 °C vorheizen.

3. Für die Füllung die Pekannnüsse hacken. Knollensellerie, Zwiebel, Apfel und Kiwi schälen und würfeln. Die Zitrone ebenfalls schälen und das Fleisch klein schneiden. Sämtliche Zutaten 5 Minuten in der Butter dünsten.

4. Die Hälfte der Füllung in das Hähnchen füllen, die andere Hälfte beiseite stellen. Die Öffnung mit Küchenschnur zubinden. Das Hähnchen mit der weichen Butter einstreichen, in einen Bräter legen.

5. Das Hähnchen im vorgeheizten Backofen bei 180 °C 1 1/2 Stunden braten. Ab und zu den Bratenfond mit etwas Wasser lösen und über das Hähnchen gießen. Das Hähnchen wenden, sobald die Oberseite schön braun ist. Während der letzten halben Stunde die zweite Hälfte der Füllung in den Bräter geben und das Hähnchen auf einen Rost über den Bräter legen, damit es schön knusprig wird. Das Fleisch bleibt dank der fruchtigen Füllung auch bei längerer Bratzeit sehr saftig.

RINDERSTEAK UND CHAMPIGNONS MIT ERDNUSSKRUSTE

- **4 Rinderfiletsteaks, je 120–150 g**
- **12 große Champignons**
- **Olivenöl extra nativ**
- **Erdnussöl**

Erdnusspaste
- **3 EL geröstete, gesalzene Erdnüsse**
- **3 EL körniger Senf**
- **2 EL Erdnussöl**
- **1 TL Cognac**
- **1 Zweiglein Oregano**
- **1 Zweiglein Majoran**
- **1 Zweiglein Petersillie**
- **3 klein geschnittene, getrocknete Tomaten, nach Belieben**

- **gehackte Stiele der Champignons**

1. Für die Erdnusspaste die Erdnüsse und die Kräuter fein hacken. Sämtliche Zutaten gut verrühren oder nicht zu fein pürieren.

2. Den Backofen auf 220 °C vorheizen.

3. Die Champignons putzen, die Stiele herausdrehen. Die Pilzhüte außen mit Olivenöl einpinseln. Die Stiele fein hacken, mit der Erdnusspaste vermengen. Die Pilzhüte mit je einem Teelöffel Erdnusspaste füllen, in eine Gratinform stellen. Im vorgeheizten Backofen bei 220 °C rund 12 Minuten überbacken.

4. Die Steaks mit einem breiten Messer flach drücken. Auf einer Seite mit der Erdnusspaste bestreichen. Die Steaks in einer Bratpfanne im Erdnussöl auf beiden Seiten kurz braten.

Tipp: Mit gedünstetem Gemüsepaprika und Ofenkartoffeln servieren.

Variante: Auch die Pistazien-Kräuterbutter, Seite 57, oder die mexikanische Erdnusssauce, Seite 62, harmonieren mit den Steaks.

FORELLE MIT MACADAMIA-BUTTER

- **4 frische kleine Forellen**
- **Meersalz**
- **Saft einer Zitrone**
- **Butterschmalz/Bratbutter zum Braten**

- **60 g Butter**
- **100 g Macadamianüsse**
- **1 Bund glatte Petersilie**
- **1 Prise geriebene Muskatnuss**

1. Die Forellen zuerst innen und außen waschen, mit Küchenpapier trocknen. Innen salzen und mit Zitronensaft einreiben.

2. Das Butterschmalz in einer weiten Bratpfanne zerlassen, die Forellen darin auf mittlerem Feuer auf beiden Seiten je 6 bis 8 Minuten braten.

3. Die Macadamianüsse in Scheiben schneiden. Die Petersilie fein hacken. Die Butter zerlassen und die Nüsse darin bei mäßiger Hitze bräunen. Die Petersilie und 1 bis 2 Esslöffel Zitronensaft dazugeben. Abschmecken mit einer Prise Muskatnuss.

4. Die Nussbutter über die Forellen verteilen. Mit im Dampf gegarten Kartoffeln servieren.

LAMMRÜCKENFILET MIT KRÄUTER-WALNUSS-KRUSTE

für 2 Personen

- **2 Lammrückenfilets, je 130 g**

Marinade
- **1 knapper Becher Naturjogurt**
- **4 Zweiglein Thymian**
- **wenig Rosmarin**
- **1/2 TL Meersalz**
- **1 Knoblauchzehe**

Kräuter-Nuss-Kruste
- **1 Schalotte, fein gehackt**
- **1 Knoblauchzehe, gepresst**
- **1 EL kaltgepresstes Walnussöl**
- **1 TL Thymianblättchen**
- **1/2 TL Rosmarinnadeln, fein gehackt**
- **3 EL Walnüsse/Baumnüsse**
- **2 EL Semmelbrösel**
- **1 EL weiche Butter**
- **1 TL Ahornsirup**
- **Meersalz**
- **Pfeffer aus der Mühle**

Gemüsebeilage
- **2 EL Olivenöl extra nativ**
- **2 Schalotten**
- **1 Knoblauchzehe**
- **2 Stängel Stauden-/Stangensellerie**
- **1 Möhre/Karotte**
- **1 geschälte Tomate**
- **etwas Rosmarin und Thymian**
- **2 EL San Marzano oder Whiskey**

1. Für die Marinade die Thymianblättchen ablesen, die Rosmarinnadeln abstreifen, unter den Jogurt rühren. Würzen mit Salz und durchgepresstem Knoblauch. Die Filets hineinlegen, im Kühlschrank mindestens 1 Stunde marinieren.

2. Die Walnüsse im vorgeheizten Backofen bei 200 °C 10 Minuten rösten, hacken.

3. Für die Kräuter-Nuss-Kruste die Schalotte fein hacken, den Knoblauch durchpressen, beides im Walnussöl dünsten. Die Kräuter kurz mitdünsten. Walnüsse und Semmelbrösel dazugeben. Die Pfanne von der Wärmequelle nehmen. Die weiche Butter und den Ahornsirup unterrühren, mit Salz und Pfeffer würzen.

4. Für die Beilage die Schalotten in Scheiben schneiden. Den Knoblauch hacken. Das Gemüse putzen und und zerkleinern. Bei der Tomate den Stielansatz entfernen, achteln. Schalotten, Knoblauch, Sellerie und Möhren im Olivenöl dünsten. Die Tomaten untermischen. Würzen mit Rosmarin und Thymian.

5. Das Fleisch aus der Marinade nehmen und trocken tupfen. Mit Salz und Pfeffer würzen. Die Filets im Olivenöl in einem Bräter scharf anbraten. Mit der Kräuter-Nuss-Mischung bestreichen.

6. Das Fleisch im vorgeheizten Backofen bei 200 °C 5 Minuten überbacken. Die Hitze auf 100 °C reduzieren. Das Gemüse dazugeben und mit dem San Marzano angießen. 10 Minuten dünsten.

7. Die Filets in Scheiben schneiden, mit dem Gemüse anrichten und mit der Sauce umgießen.

Tipp: Mit im Dampf gegarten Kartoffeln servieren.

Beeren-Zabaione mit Pistazien

- **400 g gemischte Beeren, z. B. Himbeeren, Brombeeren, Johannisbeeren, Erdbeeren, Heidelbeeren/Blaubeeren**
- **2 Vanilleschoten**
- **abgeriebene Schale einer unbehandelten Zitrone**
- **2–3 EL Vollrohrzucker**
- **2–3 EL geschälte Pistazien**

Zabaione
- **1 Eigelb**
- **2 EL Akazienhonig**
- **100 ml/1 dl trockener Sekt**
- **20 ml/0,2 dl Amaretto**

1. Den Backofen auf 180 °C vorheizen.

2. Die Beeren in eine Gratinform verteilen.

3. Die Vanilleschoten längs halbieren und das Mark auskratzen. Mit den Zitronenschalen und dem Zucker mischen, über die Beeren verteilen. Die in der Parmesanmühle oder im Mixer geriebenen Pistazien über die Beeren streuen. Die Beeren im vorgeheizten Backofen bei 180 °C kurz überbacken.

4. Eigelb, Honig, Sekt und Amaretto im heißen Wasserbad mit dem Schneebesen luftig aufschlagen. Sofort über das Beerengratin verteilen und servieren.

Variante: Die geriebenen Pistazien durch geschälte, geriebene Mandeln ersetzen.

Pistazien-Rhabarber-Parfait

für 8 bis 10 Portionen

- **500 g roter Rhabarber**
- **1 Vanilleschote**
- **100 g Vollrohrzucker**
- **2 Eiweiß**
- **250 g/2, 5 dl süße Sahne/Rahm**
- **3 Eigelb**
- **100 g Vollrohrzucker**
- **4 EL geriebene Pistazien**

1. Den Rhabarber putzen und in kleine Stücke schneiden. Die Vanilleschote längs halbieren. Rhabarber, Vanilleschote und Zucker aufkochen, auf kleinem Feuer unter häufigem Rühren zerfallen lassen. Bei trockenem Rhabarber wenig Wasser beifügen, damit er nicht anbrennt.

2. Das Eiweiß zu Schnee schlagen. Die süße Sahne steif schlagen.

3. Das Eigelb mit dem Zucker luftig aufschlagen. 3 Esslöffel Pistazien unterrühren. Rhabarberpüree, Eischnee und süße Sahne unterziehen. Die Parfaitmasse in eine kastenförmige Tiefkühldose füllen. Das Parfait im Tiefkühler mindestens 5 Stunden fest werden lassen.

4. Das Parfait in Scheiben schneiden, anrichten. Mit den restlichen Pistazien garnieren.

Tipp: Mit frischen Beeren garnieren.

Abbildung

Mandelpudding

für 4 Puddingförmchen

- **125 g geriebene Mandeln**
- **3 geriebene, geschälte Bittermandeln**
- **300 ml/3 dl Milch**
- **250 g/2,5 dl süße Sahne/Rahm**
- **100 g Akazienhonig**
- **etwas Rosenwasser**

- **6 Blatt Gelatine**
- **50 ml/0,5 dl Milch**

- **1 TL weiche Butter**

1. Die geriebenen Mandeln mit 2 Esslöffeln Milch fein pürieren. In eine Schüssel geben.

2. Restliche Milch und süße Sahne aufkochen, von der Wärmequelle nehmen und den Honig unterrühren. Die Sahnemilch zum Mandelpüree geben. Zugedeckt 1 Stunde ziehen lassen. Die Mandelmilch durch ein feines Chromstahlsieb drücken, die Rückstände mit etwas Rosenwasser übergießen und gut ausdrücken.

3. Gelatineblätter 5 Minuten in kaltem Wasser einweichen, gut ausdrücken. Milch aufkochen und die Gelatine darin auflösen. Unter die Mandelmilch rühren.

4. Die Puddingförmchen mit der weichen Butter einstreichen, mit der Mandelmilch füllen. Im Kühlschrank fest werden lassen.

5. Die Mandelköpfchen stürzen und mit einer Fruchtsauce umgießen, z. B. pürierten Erdbeeren oder Himbeeren oder Mangos.

Zwetschgen mit Sahnequark und Haselnüssen

- **500 g reife Zwetschgen**
- **wenig Wasser**
- **5 EL Vollrohrzucker**
- **1 Zimtstange**

- **100 g/1 dl süße Sahne/Rahm**
- **100 g Vollmilchquark**
- **wenig Akazienhonig**
- **abgeriebene Schale einer unbehandelten Zitrone**

- **4 EL geriebene Haselnüsse**

1. Die Zwetschgen halbieren, entsteinen und den Stielansatz entfernen.

2. Zwetschgen, wenig Wasser, Zucker und Zimtstange aufkochen, die Früchte auf kleinem Feuer weich kochen. Erkalten lassen. Die Zimtstange entfernen.

3. Die süße Sahne steif schlagen, mit dem Quark glatt rühren. Abschmecken mit dem Akazienhonig und den Zitronenschalen.

4. Das Kompott in Glasschalen verteilen. Die Sahne-Quark-Masse darauf anrichten. Mit den Haselnüssen bestreuen.

Kokosbananen

für 2 Personen

- **1 EL Zitronensaft**
- **2 EL flüssiger Honig**
- **2 Bananen**
- **4 EL Kokosraspel**
- **1 EL Butter**

1. Den Zitronensaft und den Honig verquirlen. Die geschälten Bananen damit einpinseln. In den Kokosraspeln wenden.

2. Die Kokosbananen in der nicht zu heißen Butter braten.

Tipp: Im Sommer auf dem Gartengrill unter mehrmaligem Wenden grillen.

KIWI-MANDEL-SORBET

für 8 Personen

- **120 g Honig**
- **100 ml/1 dl Wasser**
- **1 Vanilleschote**
- **5 reife Kiwis**
- **50 g geriebene Mandeln**
- **Saft einer halben Zitrone**
- **3 Eiweiß**

1. Den Honig und das Wasser in eine Pfanne geben. Die Vanilleschote längs halbieren, das Mark auskratzen und dazugeben. Das Ganze unter Rühren aufkochen, abkühlen lassen.

2. Kiwis schälen und zerkleinern, mit dem Zitronensaft und den Mandeln pürieren, mit dem Honigsirup gut verrühren.

3. Das Eiweiß zu Schnee schlagen, unter die Kiwimasse ziehen. Die Sorbetmasse in eine Tiefkühldose füllen, im Tiefkühler mindestens 4 Stunden fest werden lassen. Ab und zu rühren, damit das Sorbet nicht zu hart wird.

Abbildung Seite 91

MACADAMIAPARFAIT

für 6 Personen

- **2 Freilandeier**
- **3 EL flüssiger Blütenhonig**
- **250 g/2,5 dl süße Sahne/Rahm**
- **200 g säuerliche Äpfel**
- **1 unbehandelte Zitrone, abgeriebene Schale und Saft**
- **1 Vanilleschote**
- **3 EL Calvados**
- **$^1/_2$ TL Zimtpulver**
- **100 g Macadamiannüsse**

1. Die Nüsse im Backofen bei 180 °C ohne Fett 15 Minuten rösten, in Scheiben schneiden.

2. Die Eier trennen. Das Eiweiß zu Schnee schlagen, einen Teelöffel Honig unterschlagen.

3. Die Eigelbe mit dem restlichen Honig luftig aufschlagen. Die süße Sahne steif schlagen und unterziehen.

4. Die Äpfel schälen und vierteln, das Kerngehäuse entfernen, in Scheiben schneiden. Äpfel, Zitronensaft und Zitronenschalen pürieren. Mit Vanillemark, Calvados und Zimt aromatisieren. Nach Belieben mit etwas Honig abschmecken.

5. Zuerst die Nussscheiben und die Eigelbmasse unter das Apfelpüree ziehen, dann den Eischnee.

6. Die Masse in eine kastenförmige Tiefkühldose füllen. Das Parfait im Tiefkühler einige Stunden fest werden lassen.

KOKOS-PAPAYA-SALAT

- **1 Kokosnuss**
- **1 Papaya**
- **Saft einer Limone**
- **20 ml/0,2 dl brauner Rum**
- **1–2 EL flüssiger Honig**
- **10 frische oder getrocknete Datteln**
- **1 EL geschälte grüne Pistazien**

1. Die Kokosnuss mit einem Korkenzieher an zwei der drei Augen anbohren, die Flüssigkeit auffangen und abseihen. Die Kokosnuss im vorgeheizten Backofen bei 200 °C 10 Minuten erhitzen.

2. Die Papaya schälen. Die Frucht vierteln, entkernen und quer in Scheiben schneiden. Die Datteln halbieren und entkernen, die Fruchthälften nochmals halbieren.

3. Die Schale der Kokosnuss mit einem Hammer vorsichtig aufschlagen und das Fruchtfleisch mit einem Messer herausschneiden. Die braune Haut nach Belieben mit dem Sparschäler entfernen. Die Hälfte der Kokosnuss in feine Scheiben hobeln. Die andere Hälfte kann anderweitig verwendet werden, z. B. für das Kokos-Kürbis-Curry in der Ananasschale, Seite 64

4. Kokosflüssigkeit, Limonensaft und Honig verquirlen. Kokosscheiben, Früchte und Pistazien dazugeben und gut mischen.

Abbildung hinten

FLAN BORDELAIS

für 4 bis 6 Förmchen

- **1/2 l Milch**
- **2 Freilandeier**
- **200 g Staub-/Puderzucker**
- **2 EL neutraler, flüssiger Honig, z. B. Akazienhonig**
- **100 g Dinkelweißmehl**
- **50 g geriebene Mandeln**

- **Butter für die Förmchen**

1. Die Milch aufkochen. Die Eier direkt in die Milch aufschlagen und gut verrühren. Abkühlen lassen.

2. Den Staubzucker unter die Eiermilch rühren. Abermals aufkochen und den Honig unterrühren. Erkalten lassen. Das Mehl und die Mandeln unter die Eiermilch rühren. Im Kühlschrank 24 Stunden ruhen lassen.

3. Den Backofen auf 180 °C vorheizen.

4. Den Teig in 4 bis 6 eingefettete ofenfeste Puddingförmchen füllen.

5. Den Flan bordelais im vorgeheizten Backofen bei 180 °C 45 Minuten backen. Kalt servieren.

Abbildung vorn

BISKOTTES MIT CASHEWNÜSSEN

- **220 g teilraffinierter Vollrohrzucker (Syramena)**
- **2 Freilandeier**
- **2 TL Zimtpulver**
- **1/2 TL Kardamompulver**
- **1 Prise Meersalz**
- **1 TL phosphatfreies Backpulver**
- **220 g Weizen- oder Dinkelvollkornmehl, Kleie ausgesiebt**
- **150 g Cashewnüsse**
- **1 EL Orangeat**

1. Die Cashewnüsse grob hacken. Im Backofen bei 180 °C rösten.

2. Den Zucker und die Eier luftig aufschlagen. Zuerst die Gewürze und dann das mit dem Backpulver vermengte Mehl unterrühren. Zuletzt die gehackten Cashewnüsse und das Orangeat beifügen.

3. Das Backblech einfetten und mit Mehl bestäuben.

4. Den Teig in 4 Portionen teilen. Auf bemehlter Arbeitsfläche 4 Rollen formen, auf das Backblech legen.

5. Teigrollen im vorgeheizten Backofen bei 180 °C 15 bis 20 Minuten backen.

6. Die noch warmen Biskottes-Rollen mit einem Sägemesser schräg in 1 cm dicke Scheiben schneiden. Die Biskottes nochmals 10 Minuten bei 150 °C backen, bis sie trocken und knusprig sind.

Zum Rezept: Biskottes, auf Deutsch Zwieback, sind auch bei uns sehr beliebt. Sie halten sich in gut schließenden Blechdosen problemlos einige Wochen oder Monate. Variieren kann man den Teig, indem man die Cashewnüsse durch Macadamianüsse und den Zimt und das Kardamom durch 2 Esslöffel Kakaopulver ersetzt. Cantuccini, die toskanischen Mandelbiskuits, sind der Klassiker unter den Biskottes.

GEFÜLLTE DATTELN

- **25 große, getrocknete Datteln**
- **25 Walnuss-/Baumnusshälften**

Marzipan

- **250 g geriebene Mandeln**
- **2 EL Rosenwasser**
- **150 g flüssiger Blütenhonig**

1. Geriebene Mandeln, Rosenwasser und Honig gut verkneten. Das Marzipan in ein Glas mit Schraubverschluss füllen, im Kühlschrank fest werden lassen.

2. Die Datteln längs einschneiden, den Kern entfernen, den Stielansatz wegschneiden. Mit dem Marzipan füllen. Eine Nusshälfte in die Füllung drücken. Fertig ist eine der ältesten süßen Delikatessen.

Tipp: Die gefüllten Datteln bleiben in einer mit Butterbrotpapier ausgelegten kleinen Blechdose mindestens eine Woche frisch.

Abbildung
vorn rechts: Kiwi-Mandel-Sorbet, Seite 89
vorn links: Gefüllte Datteln
hinten: Biskottes mit Cashewnüssen und Vollkorn-Cantuccini, Rezept Seite 94

VOLLKORN-CANTUCCINI

- **300 g Dinkelvollkornmehl oder halb Vollkornmehl und halb Weißmehl**
- **1 Messerspitze Weinsteinbackpulver**
- **160 g Blütenhonig**
- **2 geriebene Bittermandeln**
- **20 ml/0,2 dl Mandellikör (Amaretto)**
- **25 g Butter**
- **2 Freilandeier**
- **175 g geschälte ganze Mandeln**

1. Sämtliche Zutaten in eine Schüssel geben und zu einem Teig zusammenfügen. Den Teig im Kühlschrank 30 Minuten ruhen lassen.

2. Den Backofen auf 200 °C vorheizen.

3. Den Teig in 6 Portionen teilen, Rollen formen und diese in ein eingefettetes Backblech legen.

4. Die Teigrollen im vorgeheizten Backofen bei 200 °C auf mittlerem Einschub ca. 12 Minuten backen. Herausnehmen, kurz abkühlen lassen, dann in 1 cm dicke, schräge Stücke schneiden.

5. Die Cantuccini nochmals 5 Minuten backen.

Abbildung Seite 93, hinten

PEKANNUSS-BANANEN-GUGELHUPF

für eine Form von 2 Liter Inhalt

- **125 g Weizenweißmehl**
- **125 g Weizenvollkornmehl**
- **1 Päckchen phosphatfreies Backpulver**
- **125 g Vollrohrzucker**
- **2 Freilandeier**
- **125 g Butter**
- **1 Vanilleschote**
- **1 Prise Ingwerpulver**
- **1 Prise geriebene Muskatnuss**
- **3 reife Bananen**
- **75 g Pekannüsse**
- **Staub-/Puderzucker zum Bestäuben**

- **Butter und Mehl für die Form**

1. Backofen auf 175 °C vorheizen. Die Form gut einfetten, mit Mehl bestäuben.

2. Das Mehl und das Backpulver mischen. Die Bananen pürieren. Die Nüsse grob hacken.

3. Zucker, Eier und Butter luftig aufschlagen. Die Vanilleschote längs halbieren, das Mark auskratzen, mit dem Ingwer und der Muskatnuss unterrühren. Bananenpüree, Mehl und Nüsse unter die Buttermasse ziehen. In die Form füllen.

4. Den Gugelhupf im vorgeheizten Backofen bei 175 °C auf mittlerem Einschub rund 1 Stunde backen. Nadelprobe machen. In der Form kurz abkühlen lassen, dann stürzen und mit Staubzucker bestäuben.

FLORENTINER

- **50 g Butter**
- **100 g Honig**
- **2 EL Mehl**
- **125 g/1,25 dl süße Sahne/Rahm**
- **1 Vanilleschote**
- **200 g Mandelblättchen**
- **100 g kandierte Früchte**
- **1 TL abgeriebene Schale einer unbehandelten Orange**
- **50 g Milchschokolade für den Überzug**

1. Die Butter mit dem Honig in einer Pfanne zerlassen. Das Mehl mit der Sahne glatt rühren, zusammen mit dem ausgekratzten Vanillemark, den Mandelblättchen, den kandierten Früchten und den Orangenschalen unter die Honigmasse rühren, aufkochen und auf kleinem Feuer karamellisieren lassen.

2. Den Backofen auf 220 °C vorheizen. Das Blech mit Backpapier belegen.

3. Einen Teelöffel in neutrales Speiseöl tauchen. Damit von der Florentinermasse Häufchen abstechen und auf das Blech setzen.

4. Die Florentiner im vorgeheizten Backofen bei 220 °C auf mittlerem Einschub 5 bis 7 Minuten backen. Etwas abkühlen lassen.

5. Die Schokolade zerbröckeln und im Wasserbad schmelzen. Die Florentiner auf der unteren Seite mit der flüssigen Schokolade bestreichen. Mit einer Gabel Wellen durch die noch warme Schokolade ziehen.

NUSSBROT

- **500 g Vollkornmehl**
- **20 g Hefe**
- **1 TL Meerssalz**
- **320 ml/3,2 dl lauwarmes Wasser**
- **150 g Haselnüsse und Walnüsse/ Baumnüsse, gemischt**

1. Das Mehl in eine Schüssel geben und eine Vertiefung machen. Die Hefe mit wenig lauwarmem Wasser anrühren, in die Vertiefung gießen. 1 bis 2 Esslöffel Mehl unterrühren. Die Schüssel mit einem feuchten Tuch bedecken, den Vorteig an einem warmen Ort 20 bis 30 Minuten gehen lassen.

2. Das restliche Wasser und das Salz zum Vorteig geben, alles zusammenfügen und den Teig auf der Arbeitsfläche 10 bis 15 Minuten kneten. Die Nüsse einkneten. Den Teig wieder in die Schüssel legen, mit einem feuchten Tuch bedecken. Den Nussteig auf das doppelte Volumen aufgehen lassen, ca. 30 Minuten.

3. Den Backofen auf 220 °C vorheizen.

4. Den Teig nochmals kurz kneten. Einen länglichen Laib formen und diesen in das eingefettete Blech legen. Nochmals 5 bis 10 Minuten gehen lassen. Den Laib mit Wasser einpinseln.

5. Das Nussbrot im vorgeheizten Backofen bei 220 °C 40 bis 50 Minuten backen.

Abbildung Seite 56

KIRSCH-NUSS-KUCHEN

für eine Springform von 28 cm Durchmesser

Teig

- **200 g weiche Butter**
- **180 g Vollrohrzucker oder flüssiger Honig**
- **4 Freilandeier**
- **3 EL Rum**
- **150 g Dinkelweißmehl**
- **1 TL phoshatfreies Backpulver**
- **100 g geriebene dunkle Schokolade**
- **125 g geriebene Haselnüsse**
- **1 TL Zimtpulver**

- **1 Glas eingelegte Sauerkirschen, 500 g**

Glasur

- **125 g Staub-/Puderzucker**
- **3 EL Rum**

1. Die Sauerkirschen in einem Sieb abtropfen lassen. Den Backofen auf 180 °C vorheizen. Den Boden der Springform mit Backpapier auslegen, den Rand einfetten.

2. Butter, Zucker und Eier luftig aufschlagen. Die trockenen Zutaten mischen, portionsweise unter die Buttermasse ziehen. Den Teig in die Springform füllen und glatt streichen. Die Kirschen darauf verteilen und leicht andrücken.

3. Den Kirsch-Nuss-Kuchen im vorgeheizten Backofen bei 180 °C auf mittlerem Einschub 1 Stunde backen. Auskühlen lassen und dann aus der Form lösen.

4. Den Staubzucker mit dem Rum glatt rühren. Die Kuchenoberfläche und den Rand damit überziehen.

MANDEL-SCHOKO-MUFFINS

für 20 Muffins

- **120 g Butter**
- **80 g Vollrohrzucker**
- **3 Freilandeier**
- **2 EL Grand Marnier**
- **125 g Weizen- oder Dinkelvollkornmehl**
- **1 TL phosphatfreies Backpulver**
- **100 g geriebene Mandeln**
- **100 g dunkle Schokolade, gehackt**

- **2 EL Orangeat für die Garnitur**
- **ca. 60 Papierförmchen**

1. Den Backofen auf 175 °C vorheizen.

2. Butter, Zucker, Eier und Grand Marnier luftig aufschlagen.

3. Mehl, Backpulver, Mandeln und Schokolade mischen, unter die Buttermasse rühren.

4. Für jedes Muffin 3 Papierförmchen ineinander legen. Den Teig esslöffelweise in die Förmchen füllen. Mit dem Orangeat verzieren.

5. Die Muffins im vorgeheizten Backofen bei 175 °C auf mittlerem Einschub 25 bis 30 Minuten backen.

MISSISSIPPI-NUSSKUCHEN

für eine Kuchenform von 28 cm Durchmesser

Mürbeteig
- **250 g Vollkornmehl**
- **1 Prise Meersalz**
- **1 Freilandei**
- **2 EL kaltes Wasser**
- **125 g kalte Butter**

Belag
- **2 Freilandeier**
- **60 g Ahornsirup**
- **60 g Vollrohrzucker**
- **1 Vanilleschote**
- **80 g flüssige Butter, abgekühlt**
- **120 g/1,2 dl süße Sahne/Rahm**
- **1 Prise Meersalz**
- **einige Tropfen Zitronensaft**

- **150 g Pekannüsse**
- **100 g Walnüsse/Baumnüsse**
- **50 g geschälte Mandeln**

1. Den Boden der Kuchenform mit Backpapier auslegen, den Rand einfetten.

2. Für den Mürbeteig das Mehl in eine Schüssel geben, eine Vertiefung machen. Salz, Ei und Wasser in die Vertiefung geben. Die Butter in kleine Stücke schneiden, an den Rand geben. Mit den Händen rasch zu einem glatten Teig zusammenfügen, nicht kneten. Den Teig zwischen zwei Klarsichtfolien 4 cm größer als die Form ausrollen. Die Folien entfernen, die Rondelle in die gefettete Form legen, den Rand leicht andrücken. 30 Minuten kühl stellen.

3. Den Backofen auf 200 °C vorheizen.

4. Eier, Ahornsirup, Zucker und ausgekratztes Vanillemark zu einer luftigen Masse aufschlagen. Die süße Sahne und die zerlassene Butter unterrühren. Mit Salz und etwas Zitronensaft abschmecken.

5. Die Nüsse auf den Teigboden verteilen. Den Guss darüber gießen.

6. Den Nusskuchen im vorgeheizten Backofen bei 200 °C auf unterem Einschub rund 30 Minuten backen.

Tipp: Der Nusskuchen schmeckt lauwarm am besten. In den USA ist der Pekannusskuchen so beliebt wie in der Schweiz die Bündner Nusstorte. Nimmt man nur Walnüsse und verwendet man Weißmehl statt Vollkornmehl und raffinierten Zucker statt Ahornsirup, dann nähert sich dieser Kuchen der berühmten Bündner Nusstorte.

PEANUTBUTTER-COOKIES

- **200 g weiche Butter**
- **75 g Erdnussbutter, Seite 55**
- **2 Vanilleschoten**
- **175 g Vollrohrzucker**
- **1 Freilandei**
- **300 g Vollkornmehl**
- **1 TL phosphatfreies Backpulver**
- **20 g dunkle Schokolade, fein gehackt**
- **120 g geröstete, leicht gesalzene Erdnüsse**
- **120 g Pekannüsse**

1. Butter, Erdnussbutter, ausgekratztes Vanillemark und Zucker luftig aufschlagen. Das Ei unterrühren.

2. Den Backofen auf 170 °C vorheizen.

3. Das Mehl und das Backpulver mischen, zusammen mit der Schokolade und den Nüssen unter die Buttermasse rühren.

4. Zwei Backbleche mit Backpapier auslegen. Vom Teig mit einem Esslöffel Klößchen abstechen und im Abstand von 5 cm auf das Blech setzen.

5. Die Cookies im vorgeheizten Backofen bei 170 °C auf mittlerem Einschub 20 bis 25 Minuten backen. Auf dem Blech wenig abkühlen und dann auf einem Kuchengitter volllständig erkalten lassen.

HASELNUSS-KAFFEE-TÖRTCHEN

für 20 Törtchen

- **125 g weiche Butter**
- **100 g Vollrohrzucker**
- **1 Päckchen Vanillezucker**
- **3 Freilandeier**
- **4 EL Kaffeelikör**
- **125 g Vollkornmehl**
- **1 TL phosphatfreies Backpulver**
- **100 g geriebene Haselnüsse**

- **Haselnüsse zum Verzieren**

1. Den Backofen auf 175 °C vorheizen.

2. Butter, Zucker, Vanillezucker und Eier zu einer luftigen Masse aufschlagen. Den Kaffeelikör unterrühren.

3. Die trockenen Zutaten mischen und portionsweise unter die Buttermasse heben.

4. Den Teig löffelweise in etwa 20 Papierförmchen verteilen, jeweils eine Haselnuss darauf setzen.

5. Die Törtchen im vorgeheizten Ofen bei 175 °C auf mittlerem Einschub 25 bis 30 Minuten backen.

Abbildung
Haselnuss-Kaffee-Törtchen in der Mitte (in Papierförmchen)
Peanutbutter-Cookies rechts und links der Tortenschaufel
Mandel-Schoko-Blechkuchen auf Tortenschaufel, Rezept Seite 100

MÖHREN-MANDEL-KUCHEN

für eine Springform von 28 cm Durchmesser

- **6 Freilandeier**
- **120 g flüssiger Honig**
- **Saft und abgeriebene Schale einer halben unbehandelten Zitrone**
- **300 g Möhren/Karotten**
- **75 g Dinkelvollkornmehl**
- **1/2 TL Zimtpulver**
- **1 Prise Kardamompulver**
- **2 geriebene Bittermandeln**
- **150 g geriebene Mandeln**

- **Butter und gehackte Nüsse oder Semmelbrösel für die Form**

1. Die Möhren putzen und mit der Bircher-Rohkostreibe fein reiben, vermengen mit dem Mehl, den Gewürzen und den Mandeln.

2. Das Eigelb mit dem Honig luftig aufschlagen. Den Zitronensaft und die Zitronenschalen unterrühren.

3. Den Backofen auf 200 °C vorheizen. Die Form gut einfetten und mit gehackten Nüssen ausstreuen.

4. Das Eiweiß zu Schnee schlagen, abwechslungsweise mit dem Möhrengemisch unter die Eigelbmasse ziehen. Den Teig in die Form füllen.

5. Den Möhren-Mandel-Kuchen auf mittlerem Einschub etwa 15 Minuten bei 200 °C backen, dann die Hitze auf 130 °C reduzieren und 35 Minuten fertig backen.

MANDEL-SCHOKO-BLECHKUCHEN

für ein rechteckiges Kuchenblech

Teig

- **250 g weiche Butter**
- **6 Freilandeier**
- **250 g Vollrohrzucker**
- **100 g Weizenvollkornmehl**
- **200 g geriebene Mandeln**
- **50 g geriebene Haselnüsse**
- **250 g geriebene Bitterschokolade**

- **2 Packungen Kuchen-Schokoladeglasur**
- **Mandeln und Pistazien für die Verzierung**

1. Den Backofen auf 180 °C vorheizen. Das Blech gut einfetten.

2. Butter, Eier und Zucker luftig aufschlagen. Mehl, Nüsse und Schokolade untermischen. Den Teig ins Backblech füllen und glatt streichen.

3. Den Kuchen im vorgeheizten Backofen bei 180 °C auf mittlerem Einschub 20 bis 25 Minuten backen. Nadelprobe machen. 3 x 4 cm große Recktecke schneiden. Auskühlen lassen.

4. Die Schokoladeglasur nach Packungsbeschrieb zubereiten. Die Kuchenstücke damit überziehen. Mit längs halbierten Mandeln oder Pistazien verzieren, solange die Glasur noch warm ist.

Abbildung Seite 99

KOKOS-KORIANDER-PASTE

- **1/2 Bund Koriandergrün**
- **Saft und Schale einer halben unbehandelten Zitrone**
- **2–3 EL Kokosmilch**
- **1 grüne Pfefferschote/Peperoncino**
- **1/2 TL fein gehackter frischer Ingwer**
- **3 EL Kokosflocken**
- **1–2 EL Vollrohrzucker**
- **Meersalz**
- **1 Prise Cayennepfeffer**

1. Das Koriandergrün fein hacken. Die Pfefferschote längs halbieren, den Stielansatz und die Kerne entfernen, fein hacken.

2. Alle Zutaten bis und mit Zucker miteinander verrühren. Mit Salz und Pfeffer abschmecken. Die Paste in ein Glas mit Schraubverschluss füllen. Möglichst frisch verwenden. Hält sich im Kühlschrank 2 bis 3 Tage.

Tipp: Harmoniert mit im Teig gebackenem Gemüse.

Abbildung Seite 103

CHAMPIGNONS UND PARANÜSSE IN OLIVENÖL

- **10 kleine Champignons**
- **2 Knoblauchzehen**
- **5 Paranüsse**

- **1 Lorbeerblatt**
- **10 schwarze Pfefferkörner**
- **Saft einer halben Zitrone**
- **1 EL Walnuss-/Baumnussöl**
- **100 ml/1 dl Olivenöl extra nativ**

1. Die Champignons putzen, in Scheiben schneiden. Die Knoblauchzehen schälen, in Scheiben schneiden. Die Paranüsse ebenfalls in Scheiben schneiden.

2. Pilze, Knoblauch, Nüsse und Gewürze abwechslungsweise in ein Glas mit Schraubverschluss füllen. Immer wieder mit dem Zitronensaft und dem Walnussöl beträufeln. Mit so viel Olivenöl aufgießen, dass die Champignons und die Nüsse gut bedeckt sind. Das Glas verschließen. Innerhalb einer Woche aufbrauchen.

Tipp: Am besten schmecken die Champignons und die Nüsse am nächsten Tag mit gerösteten Brotscheiben.

Abbildung Seite 103

MOZZARELLAKÜGELCHEN UND NÜSSE IN OLIVENÖL

- **100 g Mozzarellakügelchen**
- **1 TL grüne Pistazien**
- **1–2 TL Pinienkerne**
- **8–10 Pekannüsse**
- **1 Zweig Rosmarin**
- **1 TL Fenchelsamen**
- **1 große Knoblauchzehe**
- **ca. 100 ml/1 dl Olivenöl extra nativ**

1. Die Knoblauchzehe in feine Scheiben schneiden.

2. Sämtliche Zutaten in ein Glas mit Schraubverschluss füllen. Mit dem Öl bedecken.

Tipp: Ein idealer Lunch fürs Büro, der noch mit Tomaten ergänzt werden kann.

Innerhalb einer Woche aufbrauchen.

Abbildung Seite 103

INDISCHES APRIKOSEN-MANDEL-CHUTNEY

- **1/2 EL Butterschmalz/Bratbutter**
- **1 TL fein gehackte frische Ingwerwurzel**
- **1 Prise Zimtpulver**
- **1 Prise Pimentpulver**
- **1 Prise Garam Masala**
- **3 Nelken**
- **1 Sternanis**
- **200 g getrocknete türkische Aprikosen oder frische Aprikosen**
- **1–2 EL geschälte Mandeln**
- **1 EL Apfelessig**
- **1 EL Vollrohrzucker**
- **einige Tropfen Zitronensaft**
- **1 kleine Orange**

1. Die getrockneten Aprikosen 30 Minuten in kaltem Wasser einlegen, abgießen. Die Früchte klein würfeln. Frische Aprikosen halbieren und entsteinen, den Stielansatz wegschneiden, klein würfeln. Die Orange großzügig schälen und die Filets herauslösen. Die Kerne entfernen.

2. Den Ingwer im Butterschmalz kurz dünsten, die Gewürze dazugeben und mitdünsten. Aprikosen, Mandeln, Essig, Zucker und Zitronensaft dazugeben, 5 Minuten dünsten. Die Orangenfilets beigeben, 2 bis 3 Minuten köcheln lassen.

3. Das Chutney in ein Glas mit Schraubverschluss füllen. Gekühlt einige Wochen haltbar.

WÜRZIGES CHUTNEY AUS TROCKENFRÜCHTEN

- **250 g getrocknete Backpflaumen**
- **50 g gemischte Trockenfrüchte: Rosinen, Korinthen, Äpfel, Birnen, Aprikosen**
- **1 rote Zwiebel**
- **60 g Vollrohrzucker**
- **120 ml/1,2 dl Rotweinessig**
- **100 ml/1 dl Apfelsaft**
- **2 Prisen Currypulver**
- **2 Prisen Pimentpulver**
- **1 Msp Meersalz**
- **2–3 EL Ahornsirup**
- **50–75 g gehackte Haselnüsse**

1. Die Trockenfrüchte in eine Schüssel geben und mit kochendem Wasser bedecken, 3 bis 4 Stunden quellen lassen. Die Früchte in ein Sieb geben und ausdrücken, klein schneiden.

2. Zwiebel schälen und grob hacken.

3. Trockenfrüchte, Zwiebeln, Zucker, Essig und Apfelsaft in einem Topf aufkochen. Gewürze, Ahornsirup und Nüsse beifügen, auf kleinem Feuer 30 Minuten köcheln lassen.

4. Das Chutney in Vorratsgläser füllen, verschließen. Das Chutney ist an einem dunklen Ort einige Monate haltbar.

Abbildung
vorn: Mozzarellakügelchen und Nüsse in Olivenöl, Rezept Seite 101
vorn rechts: Kokos-Korianderpaste, Rezept Seite 101
Mitte links: Chutney aus Trockenfrüchten
hinten links: Aprikosen-Mandel-Chutney
hinten Mitte: Champignons und Paranüsse in Olivenöl, Rezept Seite 101

SCHWARZE NÜSSE

- **1 kg grüne Walnüsse/Baumnüsse**
- **Wasser**
- **1 TL Meersalz**
- **900 g Vollrohrzucker**
- **3/4 l Wasser**
- **1 Zimtstange**
- **1 TL Gewürznelken**
- **Saft und abgeriebene Schale von 1 1/2 unbehandelten Zitronen**

1. Gummihandschuhe überziehen. Die ganzen Nüsse rundherum etwa zehnmal mit einer dicken Nadel einstechen und in ein Einmachglas füllen. Mit Salzwasser bedecken. Täglich zwei Wochen lang das Wasser erneuern.

2. Dann die Nüsse in reichlich frischem Salzwasser zum Kochen bringen. 5 Minuten kochen lassen, abgießen und mit kaltem Wasser bedecken.

3. Zucker, Wasser, Gewürze, Zitronensaft und -schalen aufkochen und so lange kochen lassen, bis die Flüssigkeit sirupartig ist und zähflüssig vom Holzlöffel reißt (Fäden zieht). Die Gewürze mit dem Schaumlöffel herausnehmen.

4. Die Nüsse im Zuckersirup weich kochen. Den Topfinhalt in Einmachgläser füllen. Sofort verschließen. 4 Wochen kühl und dunkel lagern.

Zum Rezept: Schwarze Nüsse sind eine Delikatesse und passen zum Beispiel vorzüglich zu gebratenen Steinpilzen (Seite 43), zu Käse, Wild und Salaten. Die in der grünen Schale enthaltenen Bitterstoffe beruhigen den Magen und regeln die Verdauung.

BIRNEN-CASHEWNUSS-KONFITÜRE

- **400 g reife Birnen**
- **Saft einer halben Zitrone**
- **200 ml/2 dl Apfelsaft naturtrüb**
- **400 g Gelierzucker**
- **75 g gehackte Cashewnüsse**
- **100 ml/1 dl Williamsgeist oder Apfelbrand**

1. Die Birnen schälen und in kleine Stücke schneiden, mit dem Zitronensaft beträufeln.

2. Die Birnen zusammen mit dem Apfelsaft aufkochen, auf kleinem Feuer 5 bis 8 Minuten köcheln lassen. Die Hälfte des Gelierzuckers dazugeben, 1 Minute sprudelnd kochen. Denn restlichen Gelierzucker dazugeben und nochmals 2 bis 3 Minuten sprudelnd kochen lassen. Die Cashewnüsse und den Williamsgeist unterrühren.

3. Die Konfitüre in Gläser mit Schraubverschluss füllen. Sofort verschließen.

Abbildung Seite 107

PFLAUMEN-WALNUSS-KONFITÜRE

- **250 g rote Pflaumen**
- **250 g gelbe Pflaumen**
- **300 g Gelierzucker**
- **1 Stück Zimtstange**
- **60 g Walnüsse/Baumnüsse**

1. Die Pflaumen halbieren, den Stielansatz und den Stein entfernen. Mit dem Pürierstab oder von Hand zerkleinern.

2. Die Nüsse klein hacken.

3. Das Pflaumenmus mit der Hälfte des Gelierzuckers und der Zimtstange aufkochen, 2 Minuten sprudelnd kochen. Den restlichen Zucker dazugeben, weitere 5 Minuten sprudelnd kochen. Die Zimtstange entfernen. Die Nüsse beifügen. Die Marmelade in Gläser mit Schraubverschluss füllen.

Abbildung Seite 107

HONIGTOPF MIT NÜSSEN

- **100 g Mandeln**
- **100 g Haselnüsse**
- **50 g Walnüsse/Baumnüsse**
- **50 g Pinienkerne**
- **50 g Butter**
- **3 Sternanis**
- **500 g Akazienhonig**

1. Mandeln, Haselnüsse und Walnüsse im Backofen bei 180 °C trocknen lassen, etwa 10 bis15 Minuten. Die Häutchen abreiben.

2. Die Butter in einem Topf zerlassen. Sämtliche Nüsse dazugeben und gut rühren. Den Sternanis hinzufügen. Auf kleinstem Feuer nach und nach den Honig unter ständigem Rühren dazugeben.

3. Den Honigtopf in ein Glas mit Schraubverschluss füllen.

Abbildung Seite 107

BIRNENPICKLES MIT CASHEWNÜSSEN

- **1 kg Birnen**
- **gut 1/2 l Wasser**
- **1 Zimtstange**
- **1/2 TL Pimentkörner**
- **1/2 TL Gewürznelken**
- **1/4 Muskatblüte (Macis)**
- **75 g Cashewnüsse**
- **150 g Honig**
- **350 ml/3,5 dl Apfelessig**
- **Saft einer halben Zitrone**

1. Die Birnen schälen, vierteln und entkernen. Die Birnenviertel zusammen mit dem Wasser aufkochen, 5 Minuten köcheln lassen. Die Früchte mit dem Schaumlöffel herausnehmen und in einem Sieb abtropfen lassen.

2. Das Birnenkochwasser mit frischem Wasser auf 1/2 l Flüssigkeit ergänzen. Die restlichen Zutaten dazugeben, aufkochen und gut rühren, 5 Minuten köcheln lassen. Die Birnen dazugeben, in der sirupartigen Flüssigkeit auf kleinem Feuer nicht zu weich kochen.

3. Die heißen Birnen in vorgewärmte Gläser füllen. Den Sirup nochmals aufkochen, die Birnen damit bedecken. Die Gläser sofort verschließen. Mindestens 1 Monat an einem kühlen, dunklen Ort ruhen lassen.

Tipp: Passt zu kaltem Braten, Ente, Wild und Curry.

NUSSLIKÖR

- **700 g grüne Walnüsse/Baumnüsse**
- **1 Zimtstange**
- **5 Gewürznelken**
- **1 TL getrocknete Kräuter, z. B. Salbei, Wermut, Kamille oder Tausendgüldenkraut, nach Belieben**
- **1 l Kornbranntwein 40%**

- **300 g Vollrohrzucker oder Honig**
- **1/2 l Wasser**

1. Die beste Erntezeit für grüne Walnüsse ist Mitte bis Ende Juni. Zu dieser Zeit ist die grüne Außenschale noch geschlossen und die Kerne sind noch weich. Am besten schneidet man ein paar Probenüsse auf. Nur Nüsse nehmen, deren grüne Außenschale glänzt und fleckenlos ist. Da das Arbeiten mit Nüssen auf der Haut hartnäckige braune Flecken hinterlässt, trägt man mit Vorteil Gummihandschuhe. Die Nusskerne herauslösen, waschen und mit Küchenpapier trocknen. Die Kerne auf einem Küchenbrett mit einem scharfen Messer in dicke Scheiben schneiden. Wenn sich die Nüsse schlecht schneiden lassen, war der Zeitpunkt falsch gewählt.

2. Die Nussscheiben in ein Einmachglas füllen. Zimtstange, Nelken und getrocknete Kräuter hinzufügen. Mit dem Kornbranntwein übergießen. Die Nüsse müssen mit der Flüssigkeit bedeckt sein. Das Glas mit Klarsichtfolie dicht verschließen und mit einem Gummiring fixieren. Das Gefäß 8 Wochen an einem sonnigen, warmen Ort stehen lassen; möglichst nicht bewegen. Verdunstet so viel Flüssigkeit, dass die Nüsse nicht mehr bedeckt sind, entsprechend viel Kornbranntwein oder reines Wasser nachgießen.

3. Nach 8 Wochen die Nüsse abgießen und den Nussgeist auffangen, abseihen.

4. Den Zucker und das Wasser aufkochen, so lange kochen lassen, bis der Zucker vollständig aufgelöst ist. Zum Nussgeist geben.

5. Den Nussgeist in saubere Flaschen oder eine schöne Karaffe füllen, gut verschließen und nachreifen lassen. Kenner behaupten, je länger, desto besser. Den ersten Schluck sollte man sich nicht vor Weihnachten genehmigen. Auch während des Nachreifens setzen sich wieder feine Schwebstoffe auf dem Flaschenboden ab. Man kann den Nussgeist nochmals filtrieren, wenn es einen stört.

Zum Rezept: Der Likör kann auch zur Magenstärkung eingenommen werden.

Abbildung
vorn Mitte: Honigtopf mit Nüssen, Rezept Seite 105
vorn rechts: Birnen-Cashewnuss-Konfitüre, Rezept Seite 104
hinten links: Pflaumen-Walnuss-Konfitüre, Rezept Seite 104
hinten rechts: Nusslikör

MANDELMILCH

- **1 Tasse geschälte Mandeln**
- **3 Tassen Wasser**
- **ein paar Tropfen Ahornsirup oder flüssiger Honig**

1. Die Mandeln einige Stunden in kaltem Wasser einweichen, abgießen.

2. Die Mandeln mit dem Wasser pürieren. 15 Minuten ruhen lassen und dann durch einen Papierfilter abseihen. Die Mandelrückstande gut ausdrücken.

3. Die Mandelmilch nach Belieben mit Ahornsirup süßen.

Tipp: Einfacher ist die Zubereitung mit fertigem Mandelmus. Das Mus nur mit Wasser verrühren, abseihen und abschmecken.· Mandelmilch belastet den Magen nicht und ist für Milchallergiker ein hervorragender Milchersatz.

Nach dem gleichen Prinzip kann man auch die sehr gut verträgliche Cashewmilch herstellen.

PFEFFERMINZTEE MIT PINIENKERNEN

für eine Tasse

- **1 TL getrocknete Pfefferminze**
- **oder 3–4 gehackte frische Pfefferminzblätter**
- **150 ml/1,5 dl Wasser**
- **1 TL Pinienkerne**

1. Die Pfefferminze und die Pinienkerne mit dem kochenden Wasser aufgießen. 5 bis 10 Minuten ziehen lassen, dann die Minze herausnehmen.

Tipp: Den Tee mäßig warm und schluckweise trinken. Die wohlschmeckenden Pinienkerne dazu essen. Dieser Tee fördert die Verdauung und wirkt wohltuend bei überladenem Magen, Übelkeit, Brechreiz und Unwohlsein.

GRÜNER TEE MIT LIKÖRMANDELN

Likörmandeln
- **250 g geschälte Mandeln**
- **50 ml/0,5 dl Grand Marnier oder Cointreau**
- **125 g flüssiger Honig**

Grüner Tee
- **2 TL grüner Tee**

1. Die Mandeln in ein Glas mit Schraubverschluss füllen, mit dem Likör übergießen. 1 Stunde ziehen lassen, ab und zu schütteln. Den Likör abgießen.

2. Den Honig über die Mandeln gießen, nicht rühren. 3 Tage ruhen lassen.

3. Pro Tasse $^1/_2$ TL grünen Tee mit kochendem Wasser übergießen, 2 bis 3 Minuten ziehen lassen (anregend), dann abseihen. 1 TL Likörmandeln in jede Tasse geben, umrühren und genießen.